国家社会科学基金项目资助研究成果（批准号：18BTJ013）

中国共享经济发展的统计监测

阎海琪 等 著

中国统计出版社
China Statistics Press

图书在版编目(CIP)数据

中国共享经济发展的统计监测 / 闫海琪等著. 北京 ：中国统计出版社，2024. 11. —— ISBN 978—7—5230—0639—9

Ⅰ. F72

中国国家版本馆 CIP 数据核字第 2024NW5943 号

中国共享经济发展的统计监测

作　　者/闫海琪等
责任编辑/姜　洋
封面设计/李　静
出版发行/中国统计出版社有限公司
通信地址/北京市丰台区西三环南路甲 6 号　邮政编码/100073
发行电话/邮购(010)63376909　书店(010)68783171
网　　址/http://www.zgtjcbs.com/
印　　刷/北京厚诚则铭印刷科技有限公司
经　　销/新华书店
开　　本/710×1000mm　1/16
字　　数/200 千字
印　　张/12.25
版　　别/2024 年 11 月第 1 版
版　　次/2024 年 11 月第 1 次印刷
定　　价/62.00 元

前 言

近年来，移动互联网和大数据为代表的现代信息技术广泛应用推动了新一轮的产业革命，共享经济新模式应运而生，以更低的成本和更高的效率促进经济剩余资源的供需匹配，成为推动经济发展的新动能。目前，许多国家都意识到共享经济在提升供给效率、刺激消费需求、推动经济增长方面的重要作用，积极制定共享经济发展战略，将其作为推动可持续发展和循环经济的重要途径。党的十九大报告提出，深化供给侧结构性改革，建设现代化经济体系，着力在共享经济等诸多领域培育经济新增长点、形成新动能，作为提高供给体系质量的主攻方向。党的二十大报告强调，加快发展数字经济，促进数字经济和实体经济深度融合，打造具有国际竞争力的数字产业集群。

由于共享经济依托于现代信息技术形成了超越传统商业模式的经济形式，具有广阔的发展前景，共享经济自出现以来便引起了经济学、商学、社会学等领域学者的广泛关注，社会各界迫切需要开展共享经济统计监测，为促进共享经济健康发展提供决策依据。

目前学界对共享经济开展了大量研究，但在共享经济统计、共享经济发展测度、共享经济发展对经济社会发展的作用等方面，仍然缺乏较为全面、系统和深入的研究，以致理论层面的研究显著滞后于实践的发展。在此背景下，对共享经济的概念内涵、作用及贡献，如何构建统计调查体系等问题进行深入系统的研究，不但具有非常重要的理论价值，同时对促进共享经济持续健康发展具有非常重要的实践意义。

本书在现有的国内外研究和实践经验基础上，梳理新经济和共享经济的概念内涵和性质特征，总结共享经济对经济社会发展发挥的作用和未来发展趋势。在此基础上，本研究首先研究了我国经济发展新动能的统计监测，探索构建共享经济发展监测指标体系，研究测算共享经济发展指数方法，基于有关数据对近年来我国共享经济的发展状况进行定量考察，并从宏观视角进行考察近年来我国共享经济的活跃度以及各类因素的影响，结合统计分析，系统考察共享经济发展取得的成绩和存在的不足与短板。其次，从微观企业的视角出发，利用上市公司的直接投入和收益数据，从投入产出角度，对近年来我国共享经济的发展效率和发展质量进行考察。最后，从促进行业更好发展的目标出发，从核算方法、调查设计、统计范围、统计指标及数据来源等方面就如何测度共享经济的问题进行探讨，为促进共享经济的统计工作提供思路和方法参考。

全书结构如下：第一章为绪论，主要介绍开展本研究的背景和重要意义；第二、三章对共享经济发展历程进行系统梳理，回顾共享经济领域已有研究成果，并对包括共享经济在内的新经济的内涵、概念和特征进行展开分析；第四至第八章基于国内外关于共享经济的定义，以主要活动领域为研究对象，基于我国经济发展新动能的统计监测方法及应用，以及相关统计调查数据，运用统计分析工具方法，通过测算经济发展新动能指数和共享经济发展指数、测度共享经济的活跃度以及共享经济的发展效率和发展质量等，对近年来我国新经济和共享经济的发展情况、特征和存在的问题等进行系统研究；第九章主要从核算方法、调查设计、统计范围、统计指标及数据来源等方面，就如何统计共享经济的问题进行探讨；第十章是研究结论和政策建议。

本书的研究不但具有重要的理论研究价值，同时对完善共享经济监管政策体系，完善共享经济统计核算和监测体系，促进共享经济持续健康发展有着重要的参考价值。

本书的整体框架由闾海琪设计，各章的作者如下：第一章，闾海琪、原鹏飞；第二章，倪青山，原鹏飞，孙贺；第三章，原鹏飞；第四章，孙贺、薛春晓；第五章，倪青山，卜傲，邵子祎；第六章，闾海琪，汤志华，原鹏飞，何强；第七章、第八章，汤志华；第九章，原鹏飞；第十章，闾海琪，原鹏飞。

本书的研究和写作过程中得到诸多专家的指导、帮助和建议，包括国家统计局统计科学研究所许亦频首席研究员、郭明英副研究员，中国信息报社刘冰总编辑，国家统计局服务业调查中心高雅洁处长、一级调研员，国家统计局国际统计信息中心杨家亮处长、吕璐副处长等，他们的帮助和宝贵意见建议让我们受益匪浅，在此一并致以衷心的感谢！

当然，由于能力和水平所限，书中难免存在一些遗漏和失误，恳请广大同行专家批评指正。

闾海琪

2024 年 8 月

目录

第一章 绪论

第一节 研究背景和意义

近年来，以移动互联网和大数据为代表的现代信息技术广泛应用推动了新一轮的产业革命，人们的价值观和消费观念不断更新，共享经济新模式应运而生。共享的行为最早可以追溯到家庭内部的资源共同使用行为，但这种行为并不能成为一种真正的经济活动。直到21世纪初，人们生活水平不断提升、需求快速增长导致了基础设施、环境条件、原材料等资源的匮乏，社会成员开始利用互联网寻求资源的再利用与再分配，大量的共享经济活动开始出现，其以更低的成本和更高的效率促进经济剩余资源的供需匹配，成为推动经济发展的新动能。

共享经济是互联网时代具有革命力量的商业浪潮，它将人类社会的资源最大化利用，让经济形态从工业革命后的集体供需转向个别匹配，产生了盘活闲置资源、释放新需求、创造新供给、全民共创共享的重要价值。目前，许多国家都意识到共享经济在提升供给效率、刺激消费需求、推动经济增长方面的重要作用，积极制定共享经济发展战略，将其作为推动可持续发展和循环经济的重要途径。党的十九大报告提出，深化供给侧结构性改革，建设现代化经济体系，着力在共享经济等诸多领域培育经济新增长点、形成新动能，作为提高供给体系质量的主攻方向。2016年以来，我国《政府工作报告》中多次提到共享经济，报告措辞从“支持和引导”到“大力发展”“健康发展”再到“包容审慎监管”，可以看出，共享经济的市场正在潜移默化地发生着改变。国家发展和改革委员会2017年颁布了《关于促进分享经济发展的指导性意见》，提出要建立健全反映共享经济的统计调查指标和评价指标。由于共享经济依托于现代信息技术形成了超越传统商业模式的经济形式，具有广阔的发展前景，共享经济自出现以来便引起了经济学、商学、社会学等领域学者的广泛关注，社会各界迫切需要开展共享经济统计监测，为促进共享经济健康发展提供决策依据。

疫情防控平稳转段后，共享经济作为一种新兴且非常重要的经济现象和经济模式在我国展现出了巨大的发展活力，已经成为促进经济发展的中坚力量，在保障日常生活需求、带动扩大就业、促进国内大循环的同时，推动我国数字化转型与新发展格局的构建。目前已经渗透到了交通出行、餐饮住宿、快递物流、生活服务、知识技能、办公等各个领域，学界也对共享经济进行了大量研究，但关于在一些包括共享经济的概念内涵等基本问题、共享经济统计、共享经济发展状况测度、共享经济发展对经济社会发展的作用等方面，仍然缺乏较为全面、系统和深入的研究，以致理论层面的研究显著滞后于实践的发展，这种状况非常不利于共享经济的健康有序发展，也不利于其对经济社会发展积极作用的充分发挥。

在此背景下，对共享经济的概念内涵、作用及贡献、如何构建统计调查体系等问题进行深入系统的研究，不但具有非常重要的理论研究价值，同时对促进共享经济持续健康发展有着非常重要的实践意义。

第二节　研究目标、主要研究内容和研究框架

一、研究目标

本研究将在现有的国内外研究和实践经验基础上，梳理共享经济的概念内涵和性质特征，总结共享经济对经济社会发展发挥的作用和未来发展趋势。在此基础上，本研究首先将探索构建共享经济发展监测指标体系，研究测算共享经济发展指数方法，基于有关数据对近年来我国共享经济的发展状况进行定量考察，并从宏观视角进行考察近年来我国共享经济的活跃度以及各类因素的影响，结合统计分析，系统考察共享经济发展取得的成绩和存在的不足与短板。其次，从微观企业的视角出发，利用上市公司的直接投入和收益数据，

从投入产出角度，对近年来我国共享经济的发展效率和发展质量进行考察。最后，从促进行业更好发展的目标出发，本研究将从调查方法、统计范围、模式类型、统计指标及数据来源等方面就如何测度共享经济的问题进行探讨，为促进共享经济的统计工作提供思路和方法参考。

二、主要研究内容

本研究将基于国内外关于共享经济定义的基本共识（即共享经济主要是指利用网络信息技术、通过互联网平台将分散资源进行优化配置、提高利用效率的新型经济形态），以交通出行、房屋短租、生活服务、物流快递、知识共享等主要活动领域为研究对象，研究我国共享经济发展现状，分析共享经济活动的特征变化，在此基础上研究构建反映共享经济发展的指标体系，建立统计评价模型；依托国家统计局互联网经济统计调查数据和其他有关机构搜集的数据，测算共享经济发展指数，分析我国共享经济发展规模、趋势和贡献，研究共享经济变化特征、存在的问题，为有关部门制定共享经济发展政策和发展方向提供决策参考和监测依据。

具体而言，本研究将在对国内已有相关文献进行梳理和总结的基础上，从以下七个方面的内容展开研究：

一是系统回顾共享经济发展历程，梳理已有研究成果；

二是对共享经济的概念内涵、对经济社会发展发挥的作用，以及未来共享经济发展的趋势等问题进行分析梳理和研判；

三是基于相关统计调查数据，运用统计分析工具方法，对近年来我国共享经济的发展情况及取得的成就进行研究；

四是从共享经济市场规模与共享经济活跃程度之间的密切联系出发，采用贝叶斯估计 MIMIC 结构方程模型，对我国共享经济活跃度进行测度，考察主要经济社会因素对共享经济活跃度的影响；

五是运用综合评价方法，从近年来我国共享经济发展的实践出发，构建共享经济统计监测评价体系，并基于有关数据对近年来我国共享经济的发展状况进行定量考察，系统考察共享经济发展取得的成效和存在的不足和短板；

六是从微观企业的视角出发，利用上市公司的直接投入和收益数据，从投入产出角度，对近年来我国共享经济的发展效率和发展质量进行考察；

七是从调查方法、统计范围、模式类型、统计指标及数据来源等方面就如何统计共享经济的问题进行探讨，为促进共享经济的统计工作提供思路和方法参考；

最后是全书的研究结论和政策建议。

报告总体研究框架结构如图 1—1 所示。

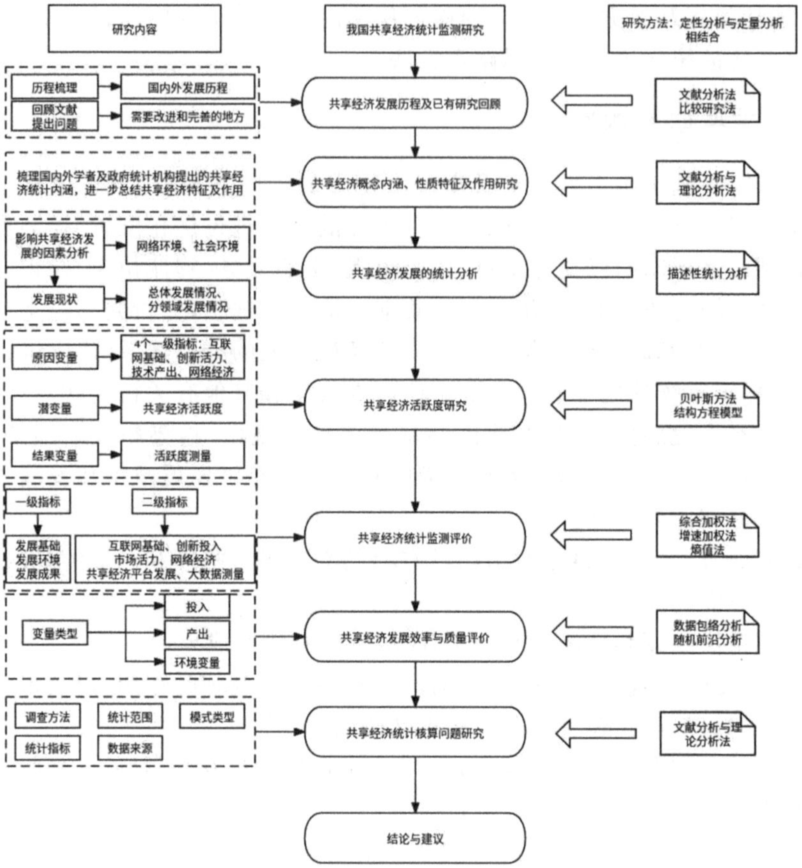

图 1—1　研究思路、研究方法简图

三、研究重点和难点

本研究的研究重点包括：一是界定共享平台企业，收集反映共享经济发展的统计数据；二是构建能够全面和客观反映共享经济发展状况的监测评价指标体系；三是研究共享经济发展监测的指数方法，并基于有关指标数据对指数进行定量测算；四是从微观企业的视角出发，从投入产出角度对近年来我国共享经济的发展效率和发展质量进行研究和剖析；五是探索和研究共享经济统计核算方法。

本研究的研究难点主要源于共享经济这一新经济模式相对于传统经济模

式的独特性，同时搜集全面完备的共享经济相关数据也面临较大的难度。具体而言，共享经济作为新业态和新商业模式，具有活动主体分散、规模小、变化快、渗透、跨界、融合、混营等特点，经济活动范围界定难、定义难、分类难、调查难等问题突出，它模糊了个人和企业、投资和消费、全职就业和兼职就业、雇员和自主经营者之间的界限，开展共享经济统计监测面临很多困难和挑战。为此，本研究将在梳理和借鉴共享经济定义范围分类的基础上，结合利用传统调查数据和其他来源数据，针对共享经济发展的特征，探索共享经济统计方法，开展共享经济统计监测研究。

四、研究思路方法

本研究将以研究反映共享经济的基础数据为起点，以“数据—方法—结果”为脉络，以定量分析为主线，结合定性分析和比较研究法、增加值核算方法、综合评价法等，利用经济学、统计学、计量经济学、经济学等理论和工具，度量共享经济发展规模速度水平，监测发展趋势和发展进程。利用贝叶斯估计MIMIC结构方程模型，对我国的活跃度进行测度，并考察主要影响因素对我国共享经济活跃度的影响。运用SFA和DEA等经典效率分析模型，从微观企业的视角出发，利用上市公司的直接投入和收益数据，对近年来我国共享经济的发展效率进行考察。

第三节　主要创新和贡献

一是利用平台企业大数据信息收集统计数据，整合数据来源，推动大数据与统计工作深度融合，并运用统计分析方法，对近年来我国共享经济的整体发展情况、取得的成就，以及存在的问题等进行了全面系统的研究，这不但是本研究的创新之举，也能够为有关政府部门制定共享经济发展政策提供决策参考。

二是构建统计指标体系，多角度、多层次、全面度量共享经济发展规模速度及其影响和贡献是本研究的一大特色。与此同时，本研究也基于构建的监测指标体系，搜集相关数据，对共享经济发展指数进行了测算，动态监测共享经济发展趋势和进程。研究成果可直接服务于新发展理念和经济高质量发展的战略目标，监测供给侧结构性改革、新旧动能转换、经济转型升级的实现进程。这是本研究的应用价值。

三是从共享经济市场规模与共享经济活跃程度之间的密切联系出发，对我国共享经济活跃度及其影响进行的考察和分析为进一步深入认识我国共享经济发展的影响因素、完善共享经济发展相关政策提供了依据。另外，通过深入研究和学术交流，推进该领域的统计科研，能够提高共享经济发展统计科研服务水平和能力。

四是从微观企业视角，本研究对近年来我国共享经济的发展效率和发展质量的考察不但填补了已有研究的空白，更为重要的是从微观层面对共享经济发展的质量和特征进行了深入剖析，能够为共享平台企业制定发展战略和市场决策提供参考依据，具有非常重要的应用参考价值。

五是从调查方法、统计范围、模式类型、统计指标及数据来源等方面，本研究对共享经济统计问题的全面剖析和设计，为国家统计局进一步完善“新产业新业态新模式”（三新）统计调查制度、建立共享经济的统计制度方法提供了有价值的思路和方法参考。

第二章 共享经济发展历程与相关研究进展述评

本部分将对国内外共享经济的发展历程进行系统梳理，并对共享经济领域已有研究成果进行回顾，通过梳理和总结已有研究成果存在的不足，为后续研究总结共享经济的内涵、本质、特征以及未来发展趋势等奠定基础。

第一节　国内外共享经济发展历程

促进共享经济发展的因素很多。受国际金融危机冲击、环保意识不断加强、社会变革与转型，以及互联网、大数据、移动通信技术革新等诸多条件的共同驱动，共享经济成为人们自觉适应时代需求、信息技术日益完善和消费观念更新的产物。

一、国外共享经济的发展历程

(一)共享经济思想的起源阶段(18 世纪末—20 世纪 80 年代)

西方对共享经济的初探始于分享经济，分享经济的相关成果可视为共享经济的前期理论成果形式(李炳炎和刘恒，2020)，要厘清国外共享经济的发展脉络，首先要从分享经济开始梳理。共享经济最早又称“员工持股计划”。国外关于共享经济思想的缘起最早可以追溯到 18 世纪末，美国雇员所有制之父阿伯特・格来丁(Albert Gallation)认为应将民主扩展到经济生活中，从资本主义财富分配角度提出在企业中实行雇员股份制，这一想法成为员工持股计划的前身。20世纪20年代，受阿伯特·格来丁主张的影响，美国一些公司开启员工所有制运动，进一步调动员工的积极性和生产力，一度掀起分股浪潮，直到1930年因美国经济大萧条才褪去热度（李文明和吕福玉，2015）。1933年以后，随着美国经济的复苏，前美国商会会长约翰斯顿（Johnstone）在证券市场繁荣时期提出了"人民资本主义"，宣扬在美国人人都是资本家的言论。20世纪60年代，经济学家凯尔索（Kelso）与哲学家阿德勒（Adeler）合写了《资本家宣言》一书，提出的"双因素经济论"认为员工不仅可以获得劳动报酬，还能获取资本收入，名为"员工持股计划"，以此对"人民资本主义"给出重新解释。这一系列给员工共享剩余价值的想法和计划，都为共享经济的形成奠定了基本思想。

1970年，西方经济"滞胀"风险攀升，美国陷入高失业率和高通胀率的危机中，传统的凯恩斯主义对此一筹莫展。为了解决这一问题，马丁·L·威茨曼（Martin L. Weitzman）在1984年出版《分享经济：用分享制代替工资制》一书，针对滞胀顽症的症结所在提出现存工资制度的弊端，同时表达了对凯尔索员工持股计划想法的认可。之后又发表了诸多文章作为补充，至此，共享经济理论初见雏形。

（二）理论与实践的初探阶段（20世纪80年代—2008年）

"共享经济"和"协同消费"两个词长期以来都存在交叉使用，共享经济的概念最早由美国伊利诺伊大学社会学教授琼·斯潘思（Joel. Spaeth）和德克萨斯州立大学社会学教授马科斯·费尔逊（Marcus Felson）于1978年发表在《美国行为科学家》的论文《社群结构与协同消费》中提出，文中使用"协同消费"代指"共享经济"。斯潘思提出"共享经济"思想后，这种经济模式并未成型。

"共享经济"一词真正意义上被提出是在2010年，英国学者雷切尔·布茨曼（Rachel Botsman）和茹·罗杰斯（Roo Rogers）出版的《我的就是你的：协作消费的崛起》一书中沿用了协同消费的理念，首次对这种经济形态进行了定义和详细解释，并指出协同消费将给人们的消费模式带来革命性的影响。由此可见，共享经济的理念虽然较早萌芽，却在很长时间内处在鲜有问津的边缘，并没有得到学界和商界的关注与实践。

20世纪末，互联网时代的来临为共享经济的兴起提供了重要的媒介。在这一时期，专门以促成闲置物品交易为目的的平台企业，如eBay等互联网公司逐步进入人们的视野。随着互联网技术的进步，通过网络获取信息的人数呈现爆炸式增长，每个用户都可以通过互联网获取陌生人共享的信息或给他人共享自己的信息，实现了网络上的信息共享和内容提供，此时期的共享对象以信息居多,信息共享量大幅提高,共享对象开始面向陌生人。

得益于网络的发展,信息共享不再受空间的限制,共享范围大幅扩大,此时的信息共享多为免费,较少涉及实物交割(马强,2016)。基于前期对共享经济的实践经验和理论探索,随之拓展出资源共享和协同消费的新经济模式。以早期共享经济公司为例,1999 年罗宾·蔡斯(Robin Chase)成立 Zipcar,业务范畴是在线租车服务,这一交易模式的转变大大降低了租客们的交易成本,交易实现了方便快捷的租用及支付方式。Zipcar 尽管依托互联网平台,却仍没有摆脱传统服务模式,其经营思路不是利用人们的闲置资源,而是投入大量成本购置车辆,再让租客们在线上进行车辆的选择和预订,仅为需求端的共享需求提供服务,属于重资产运作的模式。罗宾·蔡斯作为共享经济商业模式发展的早期探路人,在《共享经济:重构未来商业新模式》著作中详细讲述了其商业模式的发展。进入 21 世纪,得益于互联网、大数据、云计算等现代信息和数据处理技术的快速发展,传统的消费模式尤其是共享方式发生了明显变化,消费者可以在无须拥有所有权的情况下,通过合作方式与他人共同享用产品和服务。

(三)经济危机和消费观念转变的催化阶段(2008—2013 年)

互联网平台的诞生为共享经济的发展提供了成长的温床。然而,在 2008 年之前,共享经济并未得到有力的扩张,直到 2008 年开始才取得新的突破。一方面,美国次贷危机引发全球金融危机,大量从业者失业入不敷出,人们开始在互联网上挂卖家里的闲置物品,以换取金钱熬过"寒冬";另一方面,新生代年轻人在物权观念上有明显的转变,相对于物品的所有权,他们更在意物品的使用权,即体验比拥有更有价值。这一观念的转变一定程度上与金融危机爆发有关,如收入减少导致消费能力降低,在挂卖闲置资源时人们发现自己买了太多"无用"的东西从而降低了消费欲望等。从 2008 年开始,爱彼迎(Airbnb)和优步(Uber)公司的成立正式标志着国外共享经济创新的起点,这一阶段共享经济不仅为需求端提供共享需求,同时兼顾了供给端的共享需求,为供给端和需求端匹配提供了服务的空间。不同于早期 Zipcar 的重资产模式,在不购置资产的情况下,这个时期的共享经济平台公司将个人闲置资源进行整合再利用,致力于借助互联网平台将资源充分利用打造新型商业共享模式,成为共享经济涉猎业务领域拓展和运作模式创新的关键一步。爱彼迎是共享住宿的领头羊,已在 220 个国家和地区、10 万余个城市开展业务。即使在全球新冠肺炎疫情冲击期间,爱彼迎的规模仍然保持持续扩大的趋势。截至 2021 年底,爱彼迎房东社区拥有 600 万活跃房源和体验,2021 年度平台上房东收入达到创纪录的340亿美元,增长势头强劲①。优步在2010年推出首款主要经营网约车服务的App,最初平台上只有旧金山的两部车,仅五年时间,优步就把业务开展到了53个国家的254个城市。在2022年5月12日发布的《2022福布斯全球企业2000强》中,优步位列第712名②。

随着优步和爱彼迎公司的迅猛崛起,共享经济的新模式在全球范围内掀起一轮新的发展热潮,世界其他各国以共享经济为模式的公司也如雨后春笋般涌现(李炳炎和刘恒,2020)。许多新公司尝试在不同领域应用共享经济,涉及行业开始向物流共享、服务共享、闲置物品共享等多个领域进军,比如Wework公司提供办公空间共享服务,Kickstarter通过众筹服务帮助客户实现资金共享(郭彦丽和陈建斌,2020)。值得一提的是,马丁·L·威茨曼于1984年提出的利用共享经济解决美国"滞胀"风险的方法和经验,也是此后一段时期共享经济快速发展的有力推手。2010年,美国《时代》杂志把"协同消费"(也即"共享经济")列为未来影响世界的十大理念之一,可见共享经济的影响之深远。

(四)共享经济发展的规范阶段(2013年至今)

在互联网+、区块链、数字经济等一系列技术快速发展的背景下,颠覆式的新经济模式随之开启了其全球扩张的征程,并极大地促进了危机后的全球经济复苏。随着共享经济市场规模的激增,一些与共享经济发展相关的问题也逐渐凸显出来。这一阶段共享经济的发展不仅在业务领域和规模方面实现了指数级的增长,在质量上也有所提升。这一提升主要通过以下几个方面实现:

一是共享经济发展相关法律法规的制定。在共享经济快速发展的过程中,与共享经济这一新兴经济相关法律法规的制定相对滞后,监管上的空白较多也导致共享经济发展出现很多问题。例如,一些共享经济平台出于加快扩张规模的意图,自主设置过低的参与门槛并简化审查规则,将一些机会主义获利者和存在道德风险甚至恶意伤害他人的市场主体纳入其中,导致共享经济部分参与者遭遇资金损失、安全威胁甚至生命被害的情况,引发人们参与共享经济时对潜在风险的担忧。为了维护共享经济的稳定可持续发展,各国逐步推出共享经济的监管体系,破除法律法规漏洞造成的发展障碍。

二是共享经济与可持续发展问题。在获利动机的驱使下,为进一步降低成本,实现高效快捷的共享经济模式,共享资源由最初让渡闲置资源的使用权

---

① 资料来源:https://www.prnasia.com/story/351595-1.shtml

② 资料来源:https://baike.sogou.com/v60774712.htm?fromTitle=优步

向非闲置资源转变。这一转变引起了一些环保人士的质疑。马丁（Martin Chris J,2016）认为共享经济的发展最终可能与可持续发展的目标背道而驰。但也有学者提出不同的看法，杨卓凡（2018）认为，经历过前期资本驱动下高歌猛进的发展模式后，共享经济企业进入到重构调整期，这一期间企业开始回归共享本质，更加注重管理和运作，从而赢得可持续的竞争优势。

三是共享经济国际标准的制定。国际标准是国际贸易规则的重要依据，世界主要发达国家都在积极引导和支持共享经济发展。虽然欧盟、日本、韩国、英国、美国等均出台了相关发展规划，但却迟迟未统一共享经济贸易往来的通行规则。对此，日本在共享经济国际标准的制定上先行一步。例如，日本总务省在2015年发布的《信息通信白皮书》中明确将“共享经济”列入其中，认为共享经济已成为全球创新的起点。在民宿及汽车等领域，日本通过设定一定的共同规则来提高服务的可靠性和便利性，并试图将这些规则变成国际标准，在全球共享经济服务普及及成长方面发挥引领作用（赵敏等，2019）。

二、国内共享经济的发展历程

从西方共享思想的历史渊源来看，共享经济提出的主要目的是为了缓解阶级斗争中的劳资矛盾。在中国特色社会主义制度下，我国在社会主义市场经济改革的实践中，为广大劳动人民摆脱贫困孕育出符合中国发展实际需要的共享经济（李炳炎和刘恒，2020）。本部分参考付鑫鑫（2022）等学者关于国内共享经济发展历程的梳理，并加以进一步完善补充。

（一）思想萌芽阶段（20世纪80年代—20世纪90年代）

共享经济在国内的发展虽然相对较晚，但共享的思想很早就已经存在。早期的共享行为主要集中在熟人之间，人们通过相互借用物品来进行共享。随着时代的变迁，陌生人之间社会闲置物品的共享也逐渐兴起。事实上，共享是一个非常古老的传统，尤其是在生产力不发达的时代，人们之间的共享行为非常频繁。在那个时代，共享使用生产工具和生活物品等行为都非常普遍，这样做可以提高生产效率并满足各自的生活需求。

共享形态大致可以分为两个领域。第一个是公共领域的共享，其共享活动主要以具有公益性、外部性和非排斥性的特点为主。在这种情况下，共享被认为是一种利他主义行为，它旨在使资源更广泛地向社会公众提供，从而造福于人民。例如，一国的国家公园或者图书馆等都属于公共领域中的共享资源。另外一个领域则是私人领域的共享，它是建立在熟人社会之上的。这种方式下，人们主要通过家族、亲戚和朋友等私人关系进行物品共享和交换。此外，在这种模式下也存在着共同使用某些公共物品的情况，如早期农村村庄里共用的水井,及在20世纪我国的城市筒子楼中公用的浴室和厨房等,都属于私人领域的共享。

从历史上来看,早期出现的公共领域的共享和私人领域的共享都可以视作是共享经济这种商业模式最为原始、最朴素的形态。虽然当时出现的共享形态因为生产力水平限制而使用成本高昂,适用范围也较为有限,但在当时生产力不发达的时代,它满足了人们一部分的需求,并为共享经济的发展奠定了基础。1981年和1982年李炳炎分别发表了《社会主义成本范畴初探》和《劳动报酬不构成产品成本的内容》两篇论文,在国内外首次提出了社会主义共享经济理论的核心观点。李炳炎所著《利益分享经济学》一书,从比较经济学的视角,论证了社会主义共享经济理论是中国特色社会主义理论体系的有机组成部分。

(二)探索阶段(20世纪90年代—2008年)

从熟人共享到依托平台实现共享,这一转型打破了传统经济模式中熟人之间以物易物、交换共享的壁垒,大大降低了信息的不对称、分散性和非透明性,并加强了社区之间的互动与联动。从历史的角度来看,我国共享经济在20世纪90年代就已经开始萌芽了。当时,上海、武汉等经济相对发达的大城市因其人口密集,对房屋需求量大,许多家庭就将自己家中闲置的房间出租给外来旅客,供他们临时居住。由此,"家庭旅社"这种新型经济形态也随之诞生。这样的共享模式价格相对便宜,具有便利性,尤其受到年轻人欢迎。但由于缺乏有效监管和管理,其发展所带来的问题逐渐显露并引发一些深层次隐患,也正因如此,这类经济活动也慢慢消失。

我国共享经济的探索并不局限于住宅领域。早在1992年,我国医疗领域就已出现共享经济模式。此后,学者们也逐渐把研究范围拓展到了自然资源、知识共享、物品信息等领域,并进行实践和推广,取得了一定的成效。这些商业实践不仅为共享经济延伸市场、扩大知名度作出了贡献,在吸引消费者、提高社会福利方面也发挥了重要作用。

实际上,共享经济在我国真正开始具有影响力并获得广泛认可,还是从1995年互联网向商业领域拓展开始的。互联网在商业化方面的开拓,极大地促进了共享经济商业化模式的建立和发展。可以看到,少量具有共享性质的平台慢慢地在社会上出现。1997年,党的十五大首次把"人民共享经济繁荣成果"作为"建设有中国特色社会主义的经济"的重要原则和衡量标准[①],从政策导向上肯定了共享的理念。

---

① 资料来源:https://www.gov.cn/test/2007-08/29/content_730614.htm

2000年以后，共享经济开始进一步扩展到新的领域，其中最为突出的是知识领域。例如，现在非常著名的搜狗、知乎、天涯等网站最初并不是以业务盈利为目的，而是通过"平台收集信息—用户免费共享—获取用户浏览量—引流至其他业务板块"这一链条来实现企业创收。通过向广大用户提供一个共享知识、沟通交流的平台，这些网站逐渐扩大了规模、影响力和品牌价值，并为以后更多的知识共享和交流开拓了道路。

自2006年开始，共享经济开始向技能共享领域进军。不同的是，相比之前的免费共享模式，这些技能共享平台更多地采用了收费的方式，并通过提高服务质量和增加服务数量来吸引更多用户。知名的威客中国和猪八戒网等便是在这一时期开始建立、发展起来的共享经济平台。然而，在此时期，尽管共享经济向其他领域拓展，但整体发展规模仍小，其中的主要原因有两个：一方面，共享领域相对单一，主要集中在住宅、技能共享等方面，相比后来的发展领域大为受限；另一方面，智能手机普及率较低，无法满足现今高速、高频且实时的沟通需求，这也是制约共享经济发展的不利因素之一。可以看到，从这个阶段共享经济的发展情况来看，它尚未具备对社会发展产生大规模影响的条件，仍然处于发展的初级阶段，或者说共享经济尚处于雏形。

事实上，随着社会和技术的不断变革，共享经济最终呈现出多元化的发展趋势，应用范围已经扩展到了多个领域。共享经济模式的形成，标志着我们正在进入一个以共享、协作和互惠互利为特征的新时代。

（三）起步阶段（2008—2015年）

2008年是共享经济发展历程中的关键之年，国际金融危机客观上成为这一共享经济发展的助推器，催生出了构成共享经济发展基础性条件的两个主要因素。

首先是闲置资源的流转。这一方面，我国的情况与国外相似，由于全球经济持续低迷和周期性失业现象的加剧，很多家庭开始流转他们的闲置物品，这为共享经济模式的发展创造了契机。

其次是互联网技术的快速进步和应用。特别是随着移动互联网、云计算和商业智能等技术的持续发展，商业环境已经发生了深刻变化。早期我国共享经济面临许多制约，包括当时的技术无法支撑其远距离、高效率和高信任的要求。随着大数据、物联网及移动互联网等技术的快速发展和应用，国内共享经济发展得到了充足的物质基础和强大的技术支撑。共享经济的实践领域也扩大到了物流、金融、交通、教育等领域，共享方式更为多元化，共享的内容也由有形资源扩展到了无形资源。

在这一阶段，共享经济的快速发展对社会和经济发展产生了全方位的影响，不仅增加了就业岗位，还创造了新的经济增长点，蕴藏着巨大的商业价值，这标志着我国进入了实质意义上的现代共享经济时代。

（四）拓展阶段（2015—2019 年）

在这一时期，我国居民智能手机升级换代加快，共享经济的融资规模也显著扩大。与此同时，国家对共享经济发展的鼓励和支持力度明显加大，这一阶段也是我国出台共享经济相关文件和鼓励政策最为密集的时期。2015 年上半年，国务院连续发布了《关于大力推进大众创业万众创新若干政策措施的意见》[①]《关于发展众创空间推进大众创新创业的指导意见》。2015 年 10 月，党的十八届五中全会公报和“十三五”规划建议，首次提出要发展共享经济，并列入国家战略。2016 年乃至往后的每一年的政府工作报告中共享经济都是热点词，并提出要鼓励发展并加强监管。李克强总理在 2017 年政府工作报告中强调，要大力支持和引导共享经济发展，提高社会资源利用效率。党的十九大报告中指出，“在中高端消费、创新引领、绿色低碳、共享经济、现代供应链、人力资本服务等领域培育新增长点、形成新动能”，共享经济被列为“六大新经济形态”之一。2019 年政府工作报告提出“壮大数字经济发展”“促进平台经济、共享经济健康成长”。总之，共享经济作为一种新型的经济形态，蕴藏着巨大的发展潜力。

在技术、政策以及市场等各种有利因素聚集的条件下，我国共享经济时代正悄然来临。2015 年，我国出现了一批市值超过 10 亿美元的共享经济创业公司，也可称之为独角兽企业。根据国家信息中心发布的《中国分享经济发展报告（2017）》，2016 年我国共享经济的市场交易额约为 34520 亿元，比上年增长 103％。自此，我国的共享经济发展速度逐渐加快，市场竞争格局加快形成，市场发展活力不断得到激发。

（五）巩固发展阶段（2019 年至今）

近年来，5G 和区块链技术的深度融合为共享经济提供了全新的发展方向，更加高速的网络与区块链技术的安全性也为用户和服务提供者之间建立更加安全、透明和便捷的渠道提供了重要技术保障，这些发展都为共享经济未来的高质量发展提供了有力的支撑。

2019 年是我国共享经济发展自我革新的一年。由于过去几年的高速发展，市场也出现一些问题和隐患，2019 年我国共享经济市场规模和融资规模相较于 2018 年都有所下降，业务增速显著放缓，共享经济发展逐渐回归理性、向可持续发展的方向转变。2020 年全球新冠肺炎疫情以来，我国实施的疫情防

① 资料来源：https://www.gov.cn/zhengce/content/2015－06/16/content_9855.htm

控措施对传统线下业务影响较大，但共享经济等线上活动的运营则迎来了新发展机遇。根据国家信息中心发布的《中国共享经济发展报告(2023)》，2022年我国共享经济市场规模持续扩大，全年共享经济市场交易规模约38320亿元，同比增长约3.9%。在2020年政府工作报告中，李克强总理再次提出“全面推进‘互联网+’，打造数字经济新优势”。

同样重要的是，在线生活方式的日常化，也意味着共享经济有更多的机会与线上商业交易叠加，进一步改善其服务品质并提高市场份额，推动企业更好地提升用户体验和降低成本，这些都意味着共享经济具有更强的产业服务价值。同时，这也符合国家“集约化、绿色化、智能化、低碳化”的发展方向。

第二节　相关研究进展及评述

作为一种新兴经济模式，共享经济在适应能源危机、消费者习惯改变的背景下应运而生，必将对生产体系、消费体系、就业方式乃至社会关系带来变革(郑志来，2016)。对此，大量研究人士对共享经济开展了系列研究。从已有相关研究看，对共享经济的作用、规模现状、未来发展趋势和发展潜力等的研究总结如下。

一、主要研究进展

(一)共享经济的作用

根据共享经济的概念，即指拥有“闲置资源”或“专业资源”的机构或个人，将资源使用权有偿让渡给他人，让渡者获取回报，共享者通过共享他人的资源创造价值。相关研究结合共享经济实践发展过程中的功能定位和价值创造，对共享经济的直接作用与间接作用进行梳理。

首先，共享经济的发展促进经济增长，并增强经济发展韧性。彭文生等(2015)基于“十三五”经济增长驱动力，从人口红利转向制度红利和创新红利，认为共享经济作为新业态，是互联网时代的租赁经济，将是推动我国经济增长的新动力。王喜文(2015)论述了信息物理共享经济六个要素及意义，指出共享经济是快速发展市场主体，是当前我国经济增长的新引擎，带动社会就业。董成惠(2016)提出共享经济的作用和意义在于能促进产品循环，建立一种全新的消费理念，实现“物尽其用”和“各取所需”的目标。陈甬军等(2021)再从利用闲置资源提高经济增长效率、整合闲置资源提升经济增长质量、共享资源创新生产方式转换经济增长模式等三个方面的理论与例证分析，印证了共享经济是推动经济增长的新动能。

其次，共享经济通过共享资源和服务，促进资源节约和高效利用，推动可持续发展。基于“生态环保论”，博茨曼和罗杰斯(2015)指出生态环保是共享经济的主要驱动要素。罗建强等(2020)认为共享经济模式与习近平总书记提出“两山论”的著名论断相契合，兼顾经济发展与生态环保。金飞飞等(2021)提出新能源共享汽车作为共享经济的代表性产品，不仅能够降低人们出行的成本，还可以有效地缓解城市交通堵塞的问题。李炳炎和余飞(2019)认为共享经济的理念逐渐盛行降低了环保产业的进入门槛，为环保企业提供了转型发展的机遇。张敦福(2019)透过共享经济被预期为绿色环保的表因，即早期共享经济类型利用的是存量闲置资源，提出警惕任何“共享即环保、共享即可持续”口号的误导，慎重补贴新的共享经济项目，严格控制共享经济类似产业的急剧扩张，监控资本疯狂扎堆投放。例如，罗铭杰(2021)提出的共享单车“坟场”深刻“打脸”了共享经济的“环保神话”。

再次，共享经济不仅只是构建一种新的商业模式，它还根本性地重新构建人与人之间的关系，推动社会共享。陈甬军和余雯雯(2021)基于共享经济所秉持的共享共赢理念，从三次分配的角度，提出共享经济发展壮大有助于扩大中等收入群体规模，提高低收入群体收入，同时有助于扩大第三次分配的调节作用，最终助力发展成果普惠共享。胡莹(2022)提出共享经济在促进生产方式社会化方面的作用进一步凸显，为探索公有制的新的实现形式提供了可能的路径。同时，需要特别指出的是，高奇琦和杨宇霄(2022)提出尽管发展共享经济是实现共同富裕的重要路径，但并不意味着对个体差异的抹杀或消除，也不意味着无差别的平均主义。

最后，随着共享经济市场规模持续扩大，其在稳岗稳就业方面发挥了重要作用。王娅(2020)表明共享经济在促进经济增长的过程中提供了大量灵活的就业机会，并催生许多新的创新和创业机会。具体而言，一方面，共享经济突破就业空间和时间限制，并降低排他性，使得就业形式更加灵活、多样和平等，创造了网约车司机、外卖骑手和网络营销师等新职业，吸纳了大量因数字经济替代效应而失业的劳动力，很好地充当“就业蓄水池”的作用(胡莹，2022；王天玉，2023；陈永伟，2023)；另一方面，共享经济平台的就业创业门槛较低，能够让没有任何金融资产的个人也能依靠创意，通过众筹募集资金的方式，利用自身劳动技能作为资本来创造价值，多渠道增加其收入(胡莹，2022；赵伟和彭玉婷，2022)。因而，在整体就业形势压力较大的情况下，共享经济领域就业仍保持了较快增长，成为新型的、弹性就业的重要保障(吴帅和谢予昭，2023)。根据国家信息中心发布的《中国共享经济发展报告(2022)》，2021 年我国共享经济参与者人数约为8.3亿人，从业者约为8400万人。

此外，在促进经济发展转型、增加就业及促进环保的同时，共享经济也有负面作用。例如，蒋大兴和王首杰（2017）指出平台通过匹配供需信息而获益，却未承担相应的成本和风险，违反保护公共健康、安全和福利的规制措施；共享住宿领域出现顾客毁房、偷窃、扰民、破坏环境等情况，给社区居民生活带来不便，也严重侵害了房东权益和共享平台的可持续发展（马双等，2021）。郭吉涛和梁爽（2020）认为共享经济在能源、环保等领域的产业延伸还处于"试水"阶段，由于开发成本高和技术障碍大，反而出现"不能循环使用"的鸡肋产品，导致大量社会资源浪费，加重城市空间成本和环境压力。廖藏宜（2023）指出由于劳动合同法制度与人格从属性相关，对于共享经济、平台经济的灵活就业人员而言，其用工关系很难按照劳动合同法中任意性条款和管理性条款处理。

综上所述，共享经济为经济、社会和环境带来了许多积极的影响，能够为经济增长提供新的动力，创造大量新的就业机会，提高全社会的资源利用效率，并能够增强社会互助和社区建设。同时，需要警惕共享经济发展中类似产业急剧扩张等所带来的负面作用。

（二）共享经济的规模现状

基于共享经济的统计边界和分类尚不明确，以及增加值测算方法和实践近乎空白，同时考虑到共享经济服务平台为现代共享经济的主要特征和规模化发展的必要条件，本部分主要通过分析共享经济市场交易规模以及共享经济服务平台领域的专利申请现状，概括总结目前共享经济的发展现状。

一是关于共享经济市场交易规模，自2016年《中国分享经济发展报告（2016）》首次正式发布以来，国家信息中心连续八年发布年度报告，系统分析我国共享经济发展的规模现状。据此，整体而言，2015—2022年，我国共享经济市场规模持续扩大，由约19560亿元上升至约38320亿元。从市场结构上看，生活服务、生产能力和知识技能三个领域共享经济市场规模几乎一直位居前三，并且从2017年至2022年，分别由12924亿元、4170亿元和1382亿元增至18548亿元、12548亿元和4806亿元。进一步，不同领域共享经济发展的不平衡性凸显。根据《中国共享经济发展报告（2023）》，2022年生活服务和共享医疗两个领域市场规模同比分别增长8.4%和8.2%，增速较上年分别提高了2.6个百分点和1.7个百分点，呈现出持续快速发展的良好发展态势。然而，受多种复杂因素影响，共享空间、共享住宿、交通出行三个领域共享经济市场规模显著下降，同比分别下降37.7%、24.3%和14.2%。

二是关于共享经济服务平台领域的专利申请现状，刘芳和张涛（2022）利用 CNABS 和 DWPI 专利数据库，对公开日为 2022 年 5 月 31 日之前的全球和中国范围内共享经济服务平台的专利进行检索、统计与分析，发现全球专利申请量在 1990 年之前几乎为零，从 2006 年开始缓慢增加，2010 年之后开始迅猛增加，2015 年之后陡然升高。与全球的发展几乎同步，中国在共享经济服务平台领域的申请量在 2017 年开始增长曲线陡升。从主要国家和地区授权量态势看，截至 2022 年 5 月底，美国在该领域的专利申请授权总量居于第一位，领先优势明显，中国位居第二。从全球申请人排名看，全球专利申请量排名前十位的申请人，分别来自美国、中国。其中，美国有五位申请人进入，IBM 公司排在第一，并且申请数量远高于其他申请人；我国的中国电子科技集团、国家电网、百度、腾讯、阿里巴巴等五位申请人也进入了前十名。此外，从共享经济服务平台全球目标市场占比看，中国和美国是全球两大最重要的市场，各占 42%和 34%。

综上所述，作为一种新兴经济模式，我国共享经济已经取得了显著的发展。未来，在政策和监管利好的情况下，我国共享经济将继续受技术创新等推动，社会接受度将增强，进而不断涉足更多新的领域和行业，推动市场交易规模变大的同时，越来越多用户日益多样化的需求也将得以满足。例如，共享能源领域的发展将促进可再生能源的利用和能源效率的提高；共享健康将通过共享医疗资源和健康服务，为人们提供更便捷和经济的医疗保健解决方案；共享教育将通过在线学习平台和知识共享，改变传统教育的方式，提供个性化的学习体验。

（三）共享经济的发展趋势与潜力

发展中国家通常面临资源约束、发展不平衡不充分以及环境保护等问题，对此，共享经济可以通过提供更高质量、更有效率、更加公平、更可持续的共享资源和服务来缓解，助推包容性发展。因而，共享经济在发展中国家具有巨大的潜力。同时，考虑到在不同国家和地区，共享经济的发展需要与当地的文化、法规和市场需求相契合，故本部分着重对我国共享经济的发展趋势与潜力进行分析研判。

第一，共享经济要实现长期可持续发展，离不开政策的支持和引导。郑联盛（2017）认为我国共享经济已处于全球领先的地位，发展势头强劲，其背后是我国政府坚持包容性原则。2015 年 10 月 29 日，党的十八届五中全会公报首次将分享经济写入党的全会决议中，明确指出“发展分享经济”，标志着共享经济正式列入党和国家的战略规划。2016 年 3 月 5 日，共享经济被写入《政府工作报告》，明确要“支持分享经济发展，提高资源利用效率，让更多人参与进来、富裕起来”，同时强调“以体制机制创新促进分享经济发展”。2016 年 3 月 16

日,《中华人民共和国国民经济和社会发展第十三个五年规划纲要》提出,促进“互联网+”新业态创新,鼓励搭建资源开放共享平台,探索建立国家信息经济试点示范区,积极发展共享经济。2016 年 7 月 27 日,《国家信息化发展战略纲要》发布,强调“发展分享经济,建立网络化协同创新体系”,共享经济成为国家信息化发展战略的重要组成部分。2019 年 8 月 8 日,国务院发布《关于促进平台经济规范健康发展的指导意见》,提出“建立健全交易规则和服务协议”“抓紧研究完善平台企业用工和灵活就业等从业人员社保政策”“加强对平台从业人员的职业技能培训”等。2020 年 7 月 14 日,国务院发布《关于支持新业态新模式健康发展激活消费市场带动扩大就业的意见》,强调“培育发展共享经济新业态,创造生产要素供给新方式”。2020 年 9 月 4 日,习近平总书记在中国国际服务贸易交易会全球服务贸易峰会上强调“加快数字领域国际合作,加大知识产权保护,积极促进数字经济、共享经济等蓬勃发展,推动世界经济不断焕发生机活力”。2022 年中央经济工作会议站在加快建设现代化产业体系的高度,提出“大力发展数字经济,提升常态化监管水平,支持平台企业在引领发展、创造就业、国际竞争中大显身手”。2023 年 1 月 13 日,央行公布蚂蚁集团等 14 家大型平台企业已基本完成整改。由此可推断,未来几年我国共享经济发展的政策环境更加优化。一方面,国家层面关于平台经济和平台企业发展的定位更高、政策基调更加积极;另一方面,平台经济监管走向常态化、制度化也将进一步稳定市场预期和信心。

第二,共享经济的发展依赖社会的接受度和文化观念的转变。当前,国外学者对共享经济的发展趋势基本保持乐观积极的态度。在他们看来,共享经济是一种可持续发展的新经济模式。杰里米·里夫金(2014)预测随着市场经济的发展,协同共享将不断蓬勃发展,并开始改变我们组织经济生活的方式,一种新经济体系将登上世界舞台,并且是对最近 300 年来整个资本主义经济范式的一次颠覆。雷切尔·布茨曼(Rachel Botsman)和茹·罗杰斯(Roo Rogers)(2010)同样肯定了共享经济良好的发展前景。在她们看来,共享经济让消费者觉得自己作出了最好的选择,且“这种基于基本满足需求的直觉反应作出的选择,甚至消费者自己都来不及意识到”。同样,国家信息中心 2017 年发布的《信用助力共享经济发展研究报告》显示,中国网民对共享经济的接受度高达 82%。由此可推断,未来共享经济的社会接受度将进一步增强,人们将更加习惯于参与共享资源和服务,并且共享文化变革将进一步推动共享经济的发展和普及。同时,可持续发展的理念也为共享经济在未来的发展提供了更广阔的发展空间。

第三,共享经济将成为扩内需的重要抓手。根据《中国共享经济发展报告(2023)》,从国家到地方不同层面,共享经济新业态在数字经济整体发展中的作用受到进一步关注和强调,成为"拼经济、扩内需"的重要抓手。郭春丽和易信(2023)指出鼓励共享出行、共享住宿、共享旅游等领域产品的智能化升级和商业模式创新,以及支持互联网企业、共享经济平台建立各类增值应用开发平台、共享用工平台、灵活就业保障平台等大力发展共享经济的政策措施,是加快培育新型消费,推动形成就业和收入效应大的产业结构,进而作为新发展阶段扩大内需的实践重点之一。由此可推断,共享经济新业态有望在扩大内需、促进消费、提升供给质量等方面发挥重要作用。实际上,我国《扩大内需战略规划纲要(2022—2035年)》明确提出要"促进共享经济等消费新业态发展"。

第四,共享经济发展需要不断创新,尤其是新兴技术和业务模式。蔡继明等(2023)以交通出行领域共享经济为例,对人们出行时间、人流量等数据的挖掘分析与应用,催生出共享单车、共享电动车、共享充电桩等共享经济模式。实际上,这背后是以大数据技术应用以及数据要素参与共享经济价值创造作为支撑。因而,未来深入发展共享经济,一方面,需要加强数据开放共享,即要加强公共数据开放共享以及数字基础设施建设的协调力度,推进研发设计、生产制造、经营管理等环节共建共享,推进数据跨部门、跨层级、跨地区汇聚融合和深度利用(梁向东和苏在坤,2023);另一方面,需要技术发展与应用普及,如5G、人工智能、物联网、区块链、虚拟现实、元宇宙等新一代数字技术的综合集成与耦合创新。由此可推断,层出不穷的技术创新为共享经济发展带来新机遇,并且随着共享经济的成熟,行业整合和合作将成为未来的趋势。传统企业和共享经济平台之间的合作将增加,促进资源的共享和互补。这种整合有助于提供更全面的服务,并满足用户多样化的需求。未来共享经济将越来越注重个性化和定制化服务。平台将通过数据分析和个性化推荐,为用户提供更符合其需求和偏好的服务。同时,个性化和定制化的服务有助于提高用户体验和忠诚度。值得注意的是,未来共享经济发展中需要保证数据的隐私和安全性。

第五,共享经济的发展也面临一些问题和挑战。例如,现在世界上大多数国家依然沿用已有的一些法律法规来看待共享经济。如何根据共享经济发展的需要来修改或完善法律成为各国共同面临的问题。另外,随着共享经济与灵活就业的发展,共享经济综合服务平台应运而生,专门为共享经济平台与平台就业人员提供证照代办、身份核验、业务分包、收入结算、税款代缴、保险申报等综合性服务,但其以"不存在劳动关系"为其逃避社会责任的挡箭牌,进而新就业形态劳动者的劳动权益保障难以得到保证(刘蓉,2023)。对此,为了实现共享经济的可持续发展，需要政府、企业和消费者共同努力，制定适应性的政策和法规，加强监管措施，并注重用户体验和信任建设。具体而言，要处理好共享经济运行和制度的关系；要协调好传统经济与共享经济之间的利益关系；要处理好政府规制、法律与共享经济发展的关系；制度供给要适应制度需求，要提高制度适应性效率（卢现祥，2016）等。例如，唐清利（2015）提出通过“合作监管＋自律监管”混合规制模式，来规避共享经济对传统经济冲击，推动共享经济发展。

二、关于当前研究的评述

从上述对已有相关研究进展的回顾看，理论界对共享经济的研究虽然已经在很多方面已经取得了共识，得到不少有价值的研究成果，但相对于近年来如火如荼的共享经济发展实践，研究工作在很多方面还存在明显的不足和局限。具体如下：

一是从宏观和整体层面对共享经济发展状况的研究还比较少，可靠性也存在较大问题。在文献中，已有少数学者通过构建指标体系对共享经济的发展状况进行了考察，但在指标体系设置、指标权重确定、指数测算方法等方面还存在较为明显的问题，这些都导致其研究和测算结果的科学性、可靠性不足，应用参考价值有限。与此同时，目前国内对共享经济发展开展持续动态监测和我国共享经济发展过程中不同年份的活跃度差异较大等问题，目前也少有文献予以系统研究。我国共享经济发展过程中的活跃度如何，其背后的影响因素有哪些，这些都是认识共享经济发展规律、更好促进共享经济平稳健康发展的重要方面。

二是对近年来我国共享经济发展趋势特征的系统研究不足。虽然国家信息中心每年都会对我国共享经济的年度发展情况进行分析总结，但对于多年来我国共享经济在整个发展过程中呈现什么样的趋势、特点和存在什么样的问题，各个领域发展状况及存在什么样的差异等，目前系统全面的分析还比较少见。这也非常不利于我们把握我国共享经济总体发展状况。

三是从微观视角对共享经济企业运营状况的研究非常缺乏。从宏观和领域角度对共享经济的总体分析和把握固然重要，但分析难以深入到共享经济的微观层次。从根本上来说，一个行业或领域的发展状况主要取决于其内部基层组织和个体的发展，因此微观企业层面，对我国共享经济相关企业的发展状况进行更为深入的研究，就非常必要。

四是如何对共享经济进行统计和核算，现有的研究和实践都非常有限。尽管近年来国内外共享经济均获得长足发展，但共享经济的统计范围、统计分类等重要问题仍不够明确，如何对共享经济进行统计，尤其是如何对共享经济的增加值和经济贡献进行测算，现有的研究和探索都非常有限，这对我们准确认识共享经济的发展现状、特点和趋势，以及客观、系统评估共享经济的作用和地位都形成制约。由此，如何准确衡量共享经济及其对经济的贡献，是统计理论研究和统计实务部门面临的任务和挑战。

第三章 新经济与共享经济：概念内涵、特征及作用

本部分中，首先对包括共享经济在内的新经济的内涵、概念和特征进行梳理，在此基础上，基于国内外对何为共享经济及共享经济特征的代表性观点进行梳理和分析，介绍共享经济的概念内涵。然后对共享经济在经济社会发展中所发挥的作用和影响进行分析。

第一节　“新经济”的内涵与特征

“新经济”一词最早出现于美国 1996 年 12 月 30 日的《商业周刊》一组文章中，随后被广泛地用于描述美国经济的新生力量。今天，“新经济”的浪潮已席卷全球，并对经济社会产生了深刻影响，不过，至今为止，尚未形成一个国际社会普遍认可的、具有严格定义的“新经济”概念。

一、“新经济”的定义与特征

“新经济”的出现，在国际上引发讨论最为激烈的是“现有统计数据如何准确描述社会和经济发展”的问题，然而，要描述“新经济”，并根据统计数据制定相应的分析方法，首先需要对“新经济”一词做出清晰的定义。今天，国际上，不同机构或企业均从自身的理解或各自的出发点，定义“新经济”的概念。尽管如此，这些概念基本上是将“新经济”与信息通信技术（ICT）及其对经济的影

响联系起来。目前，有四种关于"新经济"内涵的阐述在国际上最具代表性：

(一)广义概念的"新经济"与特征

目前有两个广义概念在国际上具有代表性。一是瑞典工业经济研究所(IFN)著名经济学家Jagrén和Morell于2000年共同对"新经济"给出的广义概念，即包括新的基础技术、日益开放和全球化的市场、越发重要的知识和智力资本、企业新的组织架构、新的经济政策和较低的通货膨胀率，以及新的价值观和态度等一系列不同变化的综合效应。

二是欧盟委员会经济顾问、瑞典的经济学家Lars Jonung于同年给出的"新经济"广义定义，即在一个开放的全球化世界，观点、信息以及资本可以在各国之间自由且快速流动。同时，Lars Jonung强调，这种经济的先决条件是有效的资本流动和全球共享的市场。

在这两个广义概念的基础上，来自瑞典工业经济研究所(IFN)的经济学家Henrekson和Romer提出的四大要素被国际社会视作"新经济"的基本特征，即：

一是急剧下降的信息管理成本；

二是具备更好的技能来制定稳定经济的政策；

三是基本放开监管的产品；

四是在资本以及部分劳动力市场更多地依赖市场或价格机制(而非依赖企业内部交易)来调节。

(二)狭义概念的"新经济"与特征

同样有两个狭义概念在国际上最具代表性。一是瑞典金融研究所经济学博士Viotti和Vredin于2000年对"新经济"一词提出的狭义定义，即"新经济"是由信息技术革命和更有效率的市场引发的结构性变化。二是欧洲央行(ECB)于2001年给出的狭义定义，即"新经济"为生产增长潜力的提升，这种提升源自经济过程效率的大幅增加。

在这两个狭义概念的基础上，斯德哥尔摩经济学院首席经济学家Eklund等学者描述出"新经济"的三个特征，一是"新经济"涉及生产率的持续增长；二是经济活动源于新的信息通信技术(ICT)；三是经济因生产率加速上升而实现的经济增长潜力提升。

(三)开放的定义

以OECD为代表的国际组织持有这样的观点。OECD于2001年指出，"新经济"对于不同的人群、不同的机构、不同的国家而言具有不同的含义。互联网经济可以是"新经济"，数字化经济可以是"新经济"，物联网可以是"新经济"，知识经济可以是"新经济"，技术创新或产品升级也可以是"新经济"，等等。因此，现阶段无需，也不太可能定义一个国际上通用的、统一的概念。

不过，“新经济”最主要的特征是：强劲的非通胀型经济增长伴随着信息通信技术（ICT）的日益渗透。OECD 首席经济学家 Elmeskov 和同事 Scarpetta 于次年进一步细化“新经济”的特征，即新经济包括强劲的非通胀型增长、较高的劳动力参与率、信息通信技术（ICT）的传播，以及生产过程持续革新的宏观经济证据。

（四）上升到“革命”层次的概念

美国麻省理工学院教授埃里克·布莱恩约弗森于 2014 年所定义的，即“新经济”就是第二次工业革命（The Second Machine Age）[①]。他指出，第一次工业革命是 18 世纪末伴随着蒸汽机诞生的工业革命，其基本特征是这场革命克服了人类肌肉力量的局限。第二次工业革命则有所不同，其基本特征是由数字技术（其核心是硬件、软件和网络）等所产生的巨大技术进步而带来的，它克服的是人类大脑智慧方面的局限性。该定义一经推出即被互联网企业等所推崇。

埃里克·布莱恩约弗森还特别强调，从发展过程看，第二次工业革命的初期（亦称第一阶段）是“计算革命”或称“信息技术（IT）时代”，美国成为策源地，其特点是计算机、互联网的普及让专业化计算成为可能，商业智能渐趋主流，延伸至上下游的“产业链”是合作与竞争的有效载体。第二次工业革命的第二阶段[②]为“数据技术（DT）时代”，美国、英国、中国等国家全力争先，“云计算＋大数据”替代“计算机＋软件”改变了技术发展轨道，寻求万物智慧互联、拓展人类智能，平台引领的商业生态成为创新涌现的基石。

二、“新经济”几种重要模式的概念及特征

至今为止，尚未形成一个被国际社会普遍接受的“新经济”定义。对于绝大多数国家来讲，正如 OECD 所言，“新经济”对于不同的人群、机构或国家而言具有不同的含义，进而导致世界主要国际组织或国家难以就“新经济”的全貌加以研究或试测度。

因此，国际社会对“新经济”的研究和测度基本集中在“新经济”的几个重要模式，即“互联网经济”“数字化经济”“共享经济”“知识经济”“物联网经济”等。

① 国内大多翻译成第二次机器革命（The Second Machine Age）。

② 国内的某些互联网企业或研究机构通常将该阶段称为“第二次信息革命”。

(一)互联网经济(Internet Economy)

OECD于2008年在《互联网经济未来宣言》(Declaration for the Future of the Internet Economy)中,将互联网经济定义为覆盖"由互联网及相关信息通信技术支持的,我们的经济、社会和文化活动的方方面面。"该定义一经推出,即被国际社会普遍接受。

OECD特别强调,互联网经济的第一层意思往往暗指互联网是经济的核心基础设施这一概念,其基本特征是各类经济交易(生产、销售、分销或消费)大部分都在互联网上进行,这也是对互联网经济的最广泛理解——在互联网上进行或由互联网提供支持的所有经济活动的价值。

由此可见,互联网最开始是一种改善沟通的重要工具,但如今已经变成了一种支持整个经济的所有部门的通用技术。这在经济学中被称为通用目的技术(GPT),且与其他现象(如电)相对应。

(二)数字化经济(Digitalized Economy)

目前,尚未形成一个统一的、被国际社会普遍接受的概念,但主要国际组织、大部分国家及互联网业界已形成了一个重要共识,即数字化经济的一个主要表现就是:通过公司部门创建的互联网平台,消费者对消费者(P2P)的交易可以实现,这就颠覆了传统的"企业对企业(B2B)""企业对个人(B2C)"的交易模式。

"数字化经济"的主要特征,即当前数字化经济已经渗透到世界经济的各个层面,影响着银行、零售、能源、交通、教育、出版、传媒或保健等各个行业。随着计算机以及互联网等现代信息技术与经济社会各领域的不断融合,现代信息技术扩散到了整个经济生活所需的各种新产品、新服务、新的生产流程、组织形式以及政治和社会关系当中,改变人们的生活方式和社会经济运行模式,对传统经济形态与产业结构进行颠覆与重构。

(三)共享经济(Sharing Economy)

亦被翻译成为"协作型消费",是"数字化经济"一个主要方面,其定义是:个体共享社会资源,以不同方式交换商品,包含很多形式,如拼车、拼房、图书共享、生活日用品交换等。其本质或主要特征就是将闲置的资源利用移动互联网技术提供给有需求的用户,互联网平台在其中主要发挥资源组织以及调度管理的功能,并推动形成一种品牌。

对于供给方来说,通过在特定时间内出让物品的使用权或提供服务,来获得一定的金钱回报;对需求方而言,不直接拥有物品的所有权,而是通过租、借等共享的方式使用物品,即"使用而不占有"。

共享经济正在成为社会服务行业内最重要的一股力量,在住宿、交通、教育服务、生活服务及旅游等领域，优秀的共享经济公司不断涌现，服务形式从宠物寄养共享、车位共享到专家共享、社区服务共享及导游共享，新模式层出不穷。需要指出的是，OECD 特别强调，“数字化经济”或者“共享经济”均依赖以互联网为中介的新型服务模式，其中的一个重要方面就是“消费者与消费者”(P2P)对接的服务形式。尽管 P2P 并不是一个新的经济现象，如同是出售二手闲置物品的网站 eBay 早在 1995 年就已经创建，但其商业模式并不是主流，过去对经济总量的影响较小。而随着互联网信息技术的不断渗透，这种 P2P 交易规模不断扩大，影响力逐渐加深，就必须引起官方统计的注意。

（四）知识经济(Knowledge Economy)

OECD 在其《以知识为基础的经济》的报告中的给出了定义，即知识包括人类迄今为止所创造的所有知识，其中科学技术、管理和行为科学的知识是最重要的部分。OECD 将知识分为四大类(4W)，即知道是什么(Know What)、知道为什么(Know Why)、知道怎么做(Know How)和知道谁的知识(Know Who)。而知识经济是指“建立在知识和信息的生产、分配和使用之上的经济”。

OECD 强调，知识经济有以下几个主要特征：一是科学与技术的研究开发日益成为知识经济的重要基础；二是信息通信技术在知识经济的发展过程中处于中心地位；三是服务业在知识经济中扮演了主要角色；四是人力的素质和技能成为知识经济实现的先决条件。

（五）物联网经济(Internet of Things，IoT)

OECD 将物联网定义为：以 ICT 技术为承载体，让所有能行使独立功能的设备、物体实现互联互通的网络，即“物”被连接到互联网。物联网是 ICT 技术与实体经济的大规模融合。

物联网由几个元素组成，例如，云计算、大数据、机对机通信、传感器以及执行器。物联网对经济的所有方面及行业都有着深远影响，包括工业与商业流程、消费者与家庭服务、能源、运输系统、医疗、资讯娱乐以及公共服务等。

第二节　共享经济的概念内涵

一、国内外代表性观点

（一）国内外学者对共享经济的理解

目前，对于何为共享经济，国内外均不存在一个统一明确的定义。其中，国外代表性观点主要集中在共享资源的无偿和有偿、互换和合作之间进行讨论。在维基百科中，共享经济指一种介于拥有和赠予之间的混合市场模式，通过社群在线服务实现个人之间商品和服务使用权的共享。乔治梅森大学克里斯托弗·考夫曼教授认为共享经济是“人们可以使用空闲的资本获取收益”。共享企业 JustPark 创始人亚历克斯·斯特凡尼用通俗的语言将共享经济定义为“让没用的东西赚钱”。2010 年，美国学者雷切尔·波茨曼与鲁斯·罗杰斯合著《我的就是你的：协同消费的崛起》一书，指出协同消费将给人们的消费模式带来革命性的影响。波茨曼把共享经济划为三大类：一是共享或租借某种产品的信息平台，比如拼车网、房屋交换网等，其形态为“产品服务系统”；二是二手交易市场，比如美国的分类信息网站克雷格列表（Craigslist）等，其形态为“市场再流通”；三是共享技能，比如工作间共享等，其形态为“协同式生活”。Airbnb 的创始人巴尔迪和埃克哈特（2012）将协作消费和共享两词融合，以“基于使用权的消费”表达其理念。他们认为协作消费是共享经济中的一个子集，称之为通过市场中介获得使用权。2015 年，英国两位大学教授贾纳·埃克哈特和芙萝拉·巴迪在《哈佛商业评论》撰文称共享经济一词是误用，因为这些商业模式的实质不是共享，而是使用。

最近共享经济的概念在国内被人们广泛关注，代表性观点认为共享经济是基于网络平台对闲置资源的整合。腾讯研究院高级研究员孙怡指出，共享经济是利用更少的资源消耗，满足更多人的日常生活需求，共享经济借助创新平台，以更低成本和更高效率实现经济剩余资源的供需匹配，从而达到“人尽其能，物尽其用”。中信证券全球首席经济学家彭文生从经济学的角度提出，共享经济是一种基于互联网的租赁经济模式，即通过互联网第三方平台实现个体之间直接的闲置资源使用权的交易。滴滴出行 CEO 程维认为，没有互联网平台，共享经济就没有条件发展。就拼车来说，在移动互联网产生前，拼车的交易成本非常高，也没有可行的平台和组织方案。湖南省经济学学会副理事长、长沙理工大学教授刘解龙指出共享经济是在互联网技术发展的进程中出现的一种新型商业模式，它利用移动互联网、大数据等技术手段，分类优化整合闲置资源或过剩资源，开辟了消费需求与资源供给有效结合的新途径和新空间，既降低了需求者的消费成本，又提高了供给者的资源效益。在总结已有观点和研究成果的基础上，国家统计局统计科学研究所将共享经济定义为经济主体通过互联网平台共享闲置资源，以低于专业性组织者的边际成本提供服务并获得收益的经济现象，其本质是以租代卖，资源的所有权与使用权分离。

(二)国外统计机构的观点

为回应社会各方的统计需求，英国、美国、加拿大等国家统计部门和经济合作与发展组织(OECD)、欧盟等国际组织着手研究共享经济统计概念定义、范围分类、调查核算方法，探索建立共享经济统计的可行性，尝试测量共享经济发展规模水平速度及其对经济增长、就业、收入的影响和贡献。目前在国际上尚未形成清晰明确统一的共享经济统计定义，有关机构确定的共享经济统计定义范围宽严不一，有广义和狭义之分，差异较大。

英国中央统计局认为，共享经济是指利用互联网技术，通过数字平台将分散的个人和机构连接起来，共享商品和服务、资本、空间等闲置的或未充分利用的资源，而不变更所有权的一种活动。美国商务部认为，作为从事共享或协作经济活动的数据匹配企业，应具备利用信息技术系统，促进点对点交易；依靠用户评级系统进行质量控制，建立供需双方的信用关系；不拥有提供共享服务所需的工具和资产；为从业者提供灵活的工作时间等特征。加拿大统计局通过观察共享经济活动主体、组织结构以及交易模式，探索了在宏观经济核算框架下共享经济测算问题。欧盟委员会认为，协作经济是指促进经济活动的一种商业模式，为物品和服务的临时使用开放市场，不涉及所有权变更的交易活动。

(三)我国“十四五”规划和国家标准对共享经济的界定

针对《中华人民共和国国民经济和社会发展第十四个五年规划纲要》相关内容，按照国家发展和改革委员会网站的介绍，共享经济是利用互联网平台将分散资源进行优化配置，通过推动资产权属、组织形态、就业模式和消费方式的创新，提高资源利用效率、便利群众生活的新业态新模式。共享经济强调所有权与使用权的相对分离，倡导共享利用、集约发展、灵活创新的先进理念；强调供给侧与需求侧的弹性匹配，促进消费使用与生产服务的深度融合，实现动态及时、精准高效的供需对接。

2022 年 10 月，共享经济行业领域首个国家标准《共享经济指导原则与基本框架》(标准号为 GB/T 41836—2022)正式发布。该标准由国家市场监督管理总局发展研究中心、中国标准化研究院、中国国际贸易促进委员会商业行业委员会牵头制定。该标准充分结合共享经济发展实际，广泛吸收行业领域实践经验，为共享经济各利益相关方提供基本行为框架和指导原则。按照这一最新的标准，共享经济被界定为：资源供给者通过平台与资源使用者进行资源共享的经济模式。按照该标准的解释，从交易方式看，共享经济中，资源供给者和资源使用者之间的共享通过交易实现，交易线上线下均可发生。交易通常为资源供给者和资源使用者之间的“点对点”交易，资源供给者有偿或无偿将其资源使用权暂时移交给资源使用者。共享经济的交易标的通常仅涉及被交易资源的分时使用权，而不涉及其所有权。

（四）共享经济与传统专业租赁、电子商务的区别

本研究认为，因在是否转移所有权及是否是闲置资源等关键方面的不同，传统的专业租赁和电子商务均与共享经济存在明显的差异，因此并不属于共享经济活动的范畴。

与传统专业租赁相比，共享经济是所有权方依托互联网对闲置资源的整合利用，而专业租赁是所有权方为获取经济收益而专门经营租赁业务的经济行为。两者虽同为所有权与使用权的分离，但让渡的是否为闲置资源的使用权是区分两者的重要依据。例如，汽车出租、商铺出租、专用设备出租等传统租赁，被出租的资源并非所有权方的闲置资源，所有权方的主要目的是通过租赁资源获取经济收益。即便专业租赁业务通过互联网实现交易，如网络预约出租车，也不能将其归为共享经济。

与电子商务相比，共享经济虽同样依托互联网进行交易，但其仅是让渡一定时期的使用权，所有权并不发生转移，而电子商务是所有权的买卖交易，使用权连同所有权在买卖双方间同时转移。

二、共享经济的特征

结合共享经济对经济社会的影响及国内外对共享经济的代表性观点，本研究将共享经济的主要特征归纳为六个方面：

（一）以现代信息技术为支撑

共享经济的重要载体是互联网平台。互联网平台并不直接提供产品或服务，而是将参与者连接起来，提供实时、便捷和高效的技术支持、信息服务和信用保障。正是因为有了宽带、在线支付、云计算、大数据、物联网、基于位置的服务（LBS）等现代信息和数据处理技术，使得海量的供给方与需求方得以迅速地匹配。

（二）交易主体具有双重身份

个人、企业和社会组织均可作为经济主体参与共享经济。在共享经济中，参与者往往既是生产者又是消费者，个体潜能与价值得到最大限度发挥，拥有创造价值的能力。

（三）以闲置资源为共享对象

共享是所有权方对闲置资源的价值释放，包括闲置物品（设备）、闲置资金、闲暇劳动力（时间）和认知盈余等。共享经济就是要将这些海量的、分散的各类闲置资源通过网络平台进行整合，让其发挥最大效用，满足日益增长的多

样化需求。

通过对闲置资源进行共享，能够扩大社会总供给并提高资源的利用价值，资源的配置效率也将得以提高，这也是近年来共享经济快速发展的主要内生动力。此处需要强调的是，何为资源闲置性，对这一关键问题的认识，事实上社会各界一直存在广泛的争议。其中争论的一个重要问题，是专业资源是否可以算作闲置资源。对此，一种观点认为，共享经济的共享对象应是“自然闲置”的资源，即对于资源的所有者而言在一定程度上属于过剩产能，其分享并不是为营利而分享（Richardson，2015；Frenken 和 Schor，2017；万东华等，2017；向书坚等，2021）。另一种观点则认为，共享经济的分享对象并非一定是闲置资源，对于以分享为目的而形成的专业资源，由于分享活动也能够提升资源的利用效率，因此也可以视为共享经济活动的分享对象（Belk，2014b；Dellaert，2019；涂科和杨学成，2020）。

本研究认为，对闲置资源的共享活动无疑属于共享经济的范畴，把与专业资源闲置发生的共享活动包含在内，同样具有重要的现实意义。一方面，不论是闲置资源，还是专业资源，两种资源闲置的本质是相同的，都是资源没有得到充分利用，而未被充分利用的资源都有共享的可能性和必要性，从结果的角度看，共享也都是提高了资源的利用效率；另一方面，从近年来国内外共享经济发展的实践演变看，如果将专业资源的共享排除在共享经济之外，逻辑上则否认很多领域的共享经济属性，比如互联网分时租赁、非顺风网约车等新兴活动，这也必然导致共享经济的定义口径过于狭窄，不能很好地反映共享经济的实际发展情况。同样重要的是，从共享经济统计调查工作的可行性来看，资源是否可认定为闲置资源，实际中并不存在明确清晰的界限，对此进行准确识别也存在较大的难度。鉴于上述几个方面的考虑，本研究对共享经济统计问题的考察采用更具包容性的广义闲置视角，即把自然闲置资源和专业资源都视为共享经济的共享对象。

（四）仅让渡使用权

共享经济的本质是所有权和使用权的分离。需求方通过以租代买，供应方通过以租代售等方式让渡产品或服务的部分使用权，以实现资源利用效率的最大化。

（五）以取得收益为目的

共享是人类的生存本能和智慧，共享动机是驱动共享经济扩张的内生动力。由于对共享动机理解方面的差异，不同的学者对共享经济的认识也存在不同程度的差异（Dellaert，2019）。有观点强调共享的非商业动机，关注在共享活动中所产生的消费者协同生产和协同消费的潜力，这种观点认为，相对于传统市场经济价值的创造模式，共享经济是一种替代方案（Benkler，2002；Belk，2007，2014a），出于利益动机而缺乏社区情感和互惠期望的共享只是伪共享（Belk，2014a），一些典型的案例包括开发开源软件如 Linux、Wikipedia，邻里设备分享如 Streetbank 等。另一类代表性的观点则强调共享经济中的商业动机，这种观点强调共享经济的盈利性特征（Bardhi 和 Eckhardt，2012；金红，2017）。当然，也有观点认为共享经济兼具商业性与社会性两种属性（Botsman 和 Rogers，2010；Frenken 和 Schor，2017；Kumar 等，2018）。

综合以上研究，本研究认为，共享经济具有非公益性，所有权方通过让渡使用权获取租金收益，以补偿让渡使用权的损失；分享平台通过提供平台服务收取交易费用；使用方则能够通过租赁闲置资源降低自身的成本。

（六）实现交易双方的协同消费

共享经济表现为使用方和所有权方对生产资料和消费资料的协作消费、互通有无。通过重资产所有权方的共享，使得使用方实现轻资产运作，双方达成闲置资源的协同消费。

第三节　共享经济的作用及影响

共享经济作为一种兼具经济效益和社会价值的全新经济形态，作为新一轮科技和产业革命的新业态模式，近几年呈井喷式的发展，对经济社会发展的方方面面产生了诸多影响，本研究将分别从宏观和特定领域两个层面，对其进行总结归纳。

一、宏观层面

在宏观层面，本研究将共享经济对经济社会发展的作用归结为以下八个方面：

（一）优化闲置资源配置，助力供给侧结构性改革

共享经济对我国现阶段的供给侧结构性改革和需求结构转变起着很强的推动作用。随着经济发展，社会财富快速增长，形成了大量的闲置设备、产能、物品、时间和知识等资源。在传统模式下，企业无法准确地把握消费者需求，产能过剩、库存高压普遍存在，而在共享经济模式下，凡是“下单”的都是有需求的，需求变得清晰可见。

共享经济通过互联网社会化平台，一方面整合各类分散闲置资源，将社会闲置的库存资源变成新供给，比如个人的房屋、车辆、资金和知识、经验技能等

资源，可以在全社会范围内以更低的成本、更大的规模实现供需匹配，提高供给的弹性和灵活度，让产品和服务得以充分利用，提高闲置资源的利用效率，释放经济发展的新动能，同时扩大了供应面，增加了个人端的供给，扩大了社会有效供给总量。

同时，共享经济可以快速调动各类社会资源，能够较好地适应不断变化的消费需求。共享经济也有“按需经济”之称，通过互联网将供给与需求方精准对接，基于网络的互动评价系统及时反映供需双方的意见和要求，弥补了部分行业存在的供给不足，并在一定程度上有助于改善供给和需求的错配，提升供给有效性。

（二）为经济发展增添新动力

共享经济通过对设备、资金和知识等的共享，使得创业创新门槛更低、成本更小、速度更快，创业者之间的协同发展成为可能，也为更多人参与双创活动营造了更好的环境。一方面，共享经济的发展使得生产要素的社会化使用更为便利。企业和个人可以按需租用设备、厂房及闲置生产能力，在更大范围内实现了生产要素与生产条件的最优组合，让创新变得更容易；另一方面，共享经济的发展降低了创新创业风险。对于很多创业者来说，借助共享经济平台进行低风险的“微创新”是实现更大创新的第一步。

从理论上看，共享经济通过刺激消费提升生产效率，提高个人创新与创业能力，对于经济增长和社会福利都有积极作用。美国行动论坛的研究认为，2014 年 Uber、Lyft 和 Sidecar 带来了 5.19 亿美元的经济增长。Airbnb 在旧金山的一项调查显示，房屋共享带来了 14%的新客户；在日本的一项调查表明，独特的旅游体验让游客会有再次旅游和重复旅游的欲望，28%的游客表示如果没有房屋共享将会缩短在当地的停留时间。从中国的实践看，共享经济是新的经济增长点，各领域共享经济的发展均有大幅提升，2015 年仅出行领域成交额就超过 500 亿元人民币。

（三）拓宽就业渠道，促进灵活就业，增加收入来源

共享经济打破了传统的“全时雇佣”关系，提供了人人参与的可能，在使就业方式更加灵活的同时，也增加了就业渠道与岗位。即使是消费者也可以通过共享自有闲置资源获得全职或兼职的就业机会，就业渠道进一步拓宽、就业方式也更加灵活。共享经济中，通过让渡闲置资源的使用权，所有权方能够获取一定的租金收益，增加了收入渠道。

共享经济给富有创造力的个人提供了一种全新的谋生方式，人们不必依托组织即可供应自己的劳动力和知识技能，使得拥有弹性工作时间的个人和缺乏弹性劳动力的企业、机构均能利益最大化。纽约大学教授 Sundararajan

研究称,2013 年 Uber 在芝加哥创造了 1049 个新增就业岗位。在国内,共享经济促使就业机会大大增加,近年来以猪八戒网、人人快递等为代表的新兴在线雇佣、众包快递等平台,已经提供超过 3000 万的就业机会。

(四)丰富消费方式,提升消费能力

随着共享经济向房屋出租、餐饮、租车、医疗、教育、生活服务等各个领域延伸,居民的消费内容更加丰富,消费方式更加灵活。同时,因共享经济只让渡使用权而非转移所有权,其交易价格相对廉价,进而降低了消费成本,提升了居民实际消费能力。一方面,共享经济模式通过扩大供给及减少中间交易环节降低了社会价格总水平;另一方面,个体参与共享经济能够取得正常工作之外的收益,促进了购买力提升。同样重要的是,共享经济源于居民消费方式的变化,而随着共享经济发展又反过来加速了居民消费方式的改变。使用权共享让更多人不必购买而只需支付少量费用便可体验高品质的商品和服务,从而扩大了消费需求。以出行为例,北京市有 2000 多万人口,而满足出行需求的只有 6 万多辆出租车,滴滴、优步等平台释放了社会化运力,使得数百万私家车加入网络出租车行列提高居民出行效率,促进居民相关出行消费增长了数十倍。

(五)促进企业生产经营方式的转变

对于企业而言,在共享经济模式下,企业闲置生产要素的整合及在企业间的再配置不但能够大大提高资源的使用效率,也会显著降低企业的生产经营成本,正如英国学者托马斯·史班达的预言,“未来一个时期企业与企业之间的资源共享将呈现出巨大的发展潜力,对于重型设备等高价值资源的共享将为企业带来巨大的收益”。受此影响,以往企业使用自有资产或通过传统渠道租赁设备的生产经营模式必将随之发生改变。

(六)激发创新活力

共享经济使得人们可以在边际成本极低甚至趋于零的条件下通过协作进行生产、消费和共享自己的商品和服务,这便使得经济生活的组织方式方法产生新变化。在共享经济模式下,越来越多的企业、机构参与到共享经济中,通过平台直接对接用户和众包、众创等方式组织整合社会资源,参与到创新活动中,大大提升创新效率,并大幅降低成本。例如,企业可以通过共享经济模式让全球最合适的人参与到产品的设计营销等活动中,政府部门也可以通过众包方式提供公共服务。

(七)为社会治理体系创新提供了机会

共享经济为社会治理体系创新提供了机会窗口。一方面,共享经济的发展对创新治理体系提出了新要求。例如,出行、住宿、网络金融、在线教育等领域的共享实践面临诸多制度空白或制约，原有的法律法规和政策需要进一步修改完善；另一方面，共享经济也为构建新的治理体系提供了经验和支撑。共享平台在发展过程中逐步建立起基于大数据的治理机制，在保证平台正常运行的同时，为推动社会治理向多元化、开放型协同治理转型创造了良好条件。

（八）有利于减碳减排，促进经济社会发展低碳转型

共享经济对于环境保护的作用越来越被人们所认知。《共享经济》作者蔡斯认为，在美国，五分之一的家庭生活用品从以前的购买转向租用，平均每年减少近 1300 万吨的使用量，从而降低了 2%的二氧化碳排放量。法国学者德马依（Demailly）和诺威尔（Novel）认为，在共享经济充分发展的情况下，服装、汽车、家具、电话、电视、玩具、体育用品以及园艺工具等都是可共享的物品，可以减少 20%的碳排放。在汽车共享对环保的积极影响方面有更加翔实的数据支撑，如美国共享经济协会数据显示，每共享 1 辆汽车，可以减少 13 辆汽车的购买行为。由交通运输部科学研究院、滴滴发展研究院、中环联合认证中心等联合编制的《2023 数字出行助力零碳交通》显示，2022 年滴滴通过电动网约车、拼车、顺风车、共享单车、共享电单车业务，共约助力城市减少二氧化碳排放 338 万吨，约相当于超 2.8 亿棵树一年的二氧化碳吸收量，或超 200 个奥林匹克森林公园一年的二氧化碳吸收量。2021 年 6 月，极光行业研究院联合西安交通大学发布的《低碳出行让生活更美好——共享电单车社会价值报告》显示，目前共享电单车全行业每年可减碳 163.6 万吨，相当于植树 3300 万棵。Uber 提供的资料显示，其在杭州的拼车出行减少的碳排放相当于每 3 天增加一个西湖面积大小的森林。

二、一些重点领域的典型场景

在微观层面，共享经济参与主体均可从更高的性价比和更高的效率中获益。

（一）交通出行

共享经济的发展增加了交通出行领域的有效供给，在一定程度上改善了城市出行服务的供求关系，客观上促进了出行市场的扩展与完善。一是通过移动互联网精确匹配需求与供给，缓解出行信息不对称局面，有效缩短车辆空载时间，为各类用户增加额外收益。在春运等出行高峰时期，交通共享还可以成为重要的补充运力。二是按需配置出行资源，提升车辆使用效率，有利于缓解汽车保有量过快增长及道路拥堵等问题，一些平台还主动倡导引入新能源车辆，助力实现绿色低碳环保出行。三是较完善的配单机制和服务评价体系，倒逼交通行业尤其是出租车行业改革，充分体现“互联网＋”在交通出行领域

的创新应用对传统消费的积极影响。四是在出行供给与需求相互作用下，交通共享消费总量和从业规模不断扩大，有利于推动共享经济发展、促进就业并形成新经济增长点。

（二）生活服务

一是有利于增加社会就业。共享平台通过实现线上线下的有机融合，催生出了大量新的就业形态。一方面，共享平台的发展需要大批培训人员对各行业的传统从业人员进行技能教育，帮助他们尽快学习适应新的工作模式，比如标准化的流程、线上交易等；另一方面，平台企业创造了大量的送餐、社区配送等物流快递岗位，这些岗位的准入门槛相对较低，成为解决进城务工人员临时就业问题的有效途径。

二是有利于扩大消费需求。生活服务类共享平台的发展充分释放了人们的消费需求，明显提高了服务质量和用户体验，极大提升了人们对服务的购买意愿。此外，服务和产品的不断创新也促成了很多体验型、尝鲜型消费。

三是有利于提高人们的收入水平。以家政服务平台“阿姨来了”为例，平台上的“阿姨”平均薪资比加入平台之前有明显提升，月嫂提升的幅度更大。平台企业在帮助劳动者们提高收入的同时，也提升了他们的职业认同感和劳动尊严。

四是有利于提高生活质量。对于服务消费者而言，各类生活服务类共享平台极大地方便了生活，优化了体验，比如足不出户进行订餐、超市购物等。

（三）生产能力

共享经济平台解决生产的供需方信息不对称而导致的产能过剩，企业生产能力未能有效使用的问题，让企业间以闲置生产能力的共享实现协作生产。生产能力的整合不仅降低了生产成本、提高了生产效率，也让按照客户需求的定制化服务变得更加容易。就产品需求方而言，信息的充分对接、工厂柔性化生产等减少了企业搜索成本、生产成本和管理成本，实现个性化定制、降低风险。就产能供应方而言，档期的灵活安排能降低风险和接单成本、充分利用产能以提升收益，同时有利于推动生产创新、加快企业转型。

第四节　共享经济的未来发展趋势

实际上，互联网发展的基本特征，可以归结为共享与创新。而共享也是以网络互联、信息经济为代表的新经济的重要组成部分。就前景而言，共享经济无疑是未来发展的大势所趋。

一是共享主体不断换位。伴随着互联网的快速发展，传统的企业与消费者之间的界限不断弱化，人们不再被动接受商家所提供的商品和信息，而是可以通过互联网主动地获取商品信息，并可以随时发布自己所能提供的物品与知识技能等，将自己闲置的资源共享给他人，消费者开始自己扮演创造者、生产者、财务专家和旅店经营者等角色。人们开始逐渐放弃传统的商品购买方式与服务，转而在互联网上寻找商品、共享服务，以这种更加方便、高效，而且价格低廉的新方式来满足自己的个性化需求。随着出生于互联网时期的“千禧一代”逐渐成为社会的中坚力量，共享经济成为一种新的生活、生产和消费方式，“使用”将代替“占有”，“消费者”将变成“使用者”或“共享者”。这种转变意义重大。

二是共享观念不断更新。德国社会学家哈罗德·海因里希指出，共享这一概念并不新，人类社会一直在共享与合作的基础上演进。但共享经济能成为一个趋势，主要有三个原因(管克江，2013)：第一，是价值观的变化，“占有”不再是人们最看重的一个价值指标，其重要性已让位于环境质量、社会关系等幸福指数；第二，是环保意识的增强；第三，是新媒体的蓬勃发展。随着循环经济与环保意识增强以及新媒体的发展，越来越多的人认识到一些东西没有必要购买。在中国这样一个崇尚社区邻里关系、追求节约型社会的市场中，共享经济不仅改变了原有的大生产、大消费方式，而且对整个社会生态将产生不可估量的影响。对于企业来说，这种从拥有到共享的社会转变，将从多个方面表现得日益明显。首先，借助社交媒体工具的普遍运用，共享经济将深刻影响企业运作，普通员工与管理者都必须重新思考业务流程，并时刻准备共享相互间的资源。其次，无论公司内外，都可通过互联网实现团队合作。这使得合作伙伴、咨询顾问、供应商和客户相互间更加紧密地联系在一起，公司同各机构间的边界将会趋于无形，研发外包与众包则将日益成为常态。

三是共享规模不断扩大。伴随共享服务网站、智能手机、社交网站和在线支付等互联网业务的发展，在共享经济模式下，人们不必前往宾馆就可直接租到房间，不必寻找租车公司便能直接租到汽车。互联网所催生的 P2P 租赁式共享经济，已经逐渐形成规模。以共享住宿为例，截至 2022 年末，爱彼迎在全球活跃房源总量上升至 660 万套，是 2014 年的将近 20 倍，房源覆盖 192 个国家、3.4 万个城市，2022 年营业收入达到 84 亿美元，较 2021 年增长 40%，净利润为 18.93 亿美元。从经营数据来看，2022 年第四季度爱彼迎住宿和体验预订达 8820 万(次)，同比增长 20%；预订总额达 135 亿美元，同比增长 20%。此外，据《2022 年中国在线短租行业讨论报告》显示，2022 年中国在线短租市场交易规模达到 87.8 亿元，超过 2011 年(在线短租行业爆发年)的 60 倍。

四是共享范围不断拓展。随着互联网的快速发展，传统经济学所谓的内部性与外部性之间的关系被部分颠覆，因为“外部性失灵”已不能解释新经济的开放、合作和共享（李直，2014）。对于共享经济来说，产权归谁所有已经不再重要，关键是归谁所用。共享经济的范围，最初主要是通过互联网出租房屋与汽车等闲置财产。随着以智能手机与平板电脑为代表的智能终端的兴起以及移动互联网的普及，人们可以随时随地接入网络，使得共享平台得以建立在虚拟网络空间，规模因而变得更大，可以共享的内容也变得更为丰富，各种基于共享概念的经济行为不断涌现，共享经济的范围已远远超出物物交换式的租赁，拓展为知识共享、需求共享、数据共享、供应共享等各个领域。

五是共享形式不断创新。从发展趋势来观察，共享经济不只是一个经济学概念，它还将成为重组与推动经济与社会发展的一种新型协作形式（古福，2013）。共享经济逐渐渗透到各个领域之中，共享形式不断创新，除了共享私家车，还有共享家庭床位的 Airbnb、共享停车位的 ParkAtMyHome、共享家庭工具的 Neiboughgood、共享自行车的 Spinlister、共享服饰的 99dresses，甚至还有共享土地种植的 Landshare 等。

六是共享增量不断做大。通过拥有与占用来获得享用的传统方式，造成了物质的极大浪费。到了互联网时代，因为存量的资源已经足够多，我们完全可以通过共享让更多的人过上美好生活。互联网可以把供给与需求方便地连接起来并随时激活（刘泓君，2014）。传统生意模式很多时候是零和博弈。在现有的存量之下，一方所得必然是另一方所失。这种生意模式，慢慢地就会被共享经济模式所淘汰。共享经济模式注重的是增量而不仅仅是存量。共享经济模式最大的特点就是做足增量，在增量做大以后再来进行共享。蛋糕做大了，即使共享的份额没有变化，自己的所得也会有所增加。由此可见，共享经济模式更有生机与活力。

七是共享价值不断提升。相较于传统的、基于制造业的总部型经济模式来说，共享型经济基于移动互联网、云计算以及社交网络等技术创新，侧重于资源的移动化、分散化和共享化，突破了时空限制，可以大幅度提升资源利用效率，扭转生产效率下滑的趋势，是向服务型与创新型经济发展的重要途径（贺乐赋，2013）。共享经济最大的价值，不在于具体共享了什么产品，而是在于其强调合作和参与的理念，在于为中国城镇转型发展，推动新型工业化、信息化、城镇化和农业现代化之“四化”协同打开新的思路。作为一种基于互联网的新型经济模式，在中国城镇化水平大幅提升，二、三线城市纷纷崛起的大背景下，共享经济使大小城市都获得了同等的竞争机会。

八是共享技术不断优化。互联网与信息技术的发展，给了诸如云计算这样的技术一个重新解读从“共享”到“共享经济”的机会(陈启临,2013)。“云”把所有的同类资源汇总并组织成一个资源池,用户可以按需索取并为所需的资源付费,用完后再让资源回到池中,留给其他需要的人。这样,资源在池中被多方案地分割,并通过每一次吞吐获得经济收益。云模式中所强调的供需关系及其相互的利益分配,足以给“共享经济”一个有力的支点,或者说是新的起点。

九是共享社交不断本地化。由移动互联网带来的本地化共享经济,则是一种新的社交活动形式(文作,2013)。共享经济本身的意义在于,资源、信息的汇集与重新分配,力求做到在地理与时间上有更强的可获取性。由互联网所带来的各种虚拟 P2P 活动,除了音乐、电影、软件等产品外,还越来越多地涉及借贷等金融活动。这些因素,都使共享社交不断本地化。

第四章 我国共享经济发展的统计分析

作为新经济、新动能、新模式中非常重要的一种形态,共享经济自出现以来,就得到社会各界的广泛关注。就国内而言,一些学者或机构对我国共享经济出现以来的发展情况作了分析,存在的问题在于对近年来我国共享经济发展趋势特征的系统研究不足。其中比较具有代表性的是国家信息中心的研究,国家信息中心每年都会对我国共享经济的年度发展情况进行分析总结,但对于多年来我国共享经济在整个发展过程中呈现的趋势、特点和存在的问题,以及共享经济各个领域的发展状态及差异的分析较少,这不利于我们对我国共享经济总体发展状况的把握。

鉴于此,为更为全面和系统地考察我国共享经济的发展历程,本部分将搜集整理相关统计调查数据,运用统计分析方法,对近年来我国共享经济的整体发展情况、取得的成就,以及存在的问题等进行全面系统的剖析,以为客观认识共享经济的发展提供参考依据,同时也为本研究的后续研究提供基础支撑。

本部分将首先从整体出发,对近年来我国共享经济的发展状况进行分析,然后再深入分析主要领域的发展情况并进行横向和纵向对比,考察不同领域的发展状况及存在的差异,由此较全面地梳理我国共享经济发展的特点和规律,以及背后可能存在的问题。在分析过程中,相关的数据来源主要包括国家统计局数据库、Wind 数据库、国家信息中心等。

第一节　共享经济发展环境

一、网络基础环境

在共享经济发展的过程中，能让消费者手中闲置资源的使用权流通起来的关键，就是需要知道资源需求者和资源提供者，并且保证提供方的资源是符合需求方要求的，以及对于双方而言，二者该如何完成交易。与此同时，信息对称的共享平台起着非常关键的作用，通过平台，资源提供方能够知道可以向谁提供服务并索取报酬，需求方也能够在大量信息中快速筛选出最能够满足自身需求的资源，最终以电子支付的形式完成交易。如果缺少这种“专业匹配”的平台机构，点对点的服务很难实现规模化。例如，偶尔给邻居搭个便车是可以的，但要靠此获得稳固、可观的收入是困难的。有了滴滴打车平台之后，这件事情就可以变得十分简单。所以说，共享平台是共享经济发展的基石，共享平台建立直接影响了共享经济的发展。

共享平台的建设主要依托于互联网，尤其是移动互联网的发展。近年来，我国网络基础设施加速完善，卫星定位系统、数字地图、移动支付等新一代信息技术日新月异，这些为共享平台的建立提供了强大的技术支撑。

(一)光缆线路

光缆线路长度快速提升，为共享经济发展提供了必要的基础设施。目前，我国已建成全球最大规模的网络基础设施。如图 4－1 所示，2015—2022 年，

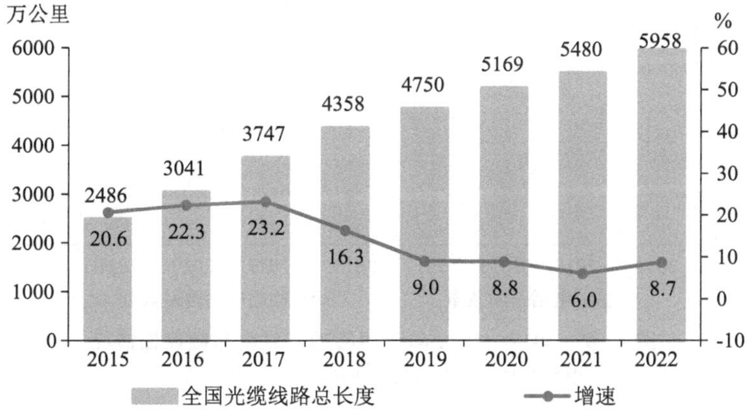

图 4－1　2015—2022 年我国光缆线路建设情况

数据来源：《中国互联网络发展状况统计报告》。

我国光缆线路长度整体快速提升，截至 2022 年底，我国光缆线路长度已达到 5958 万公里，为 2015 年(2486 万公里)的 2.4 倍。

(二)移动电话基站

共享经济之所以发展迅速，是由于参与方式简单快捷，人们通过移动互联网可以随时随地参与到共享经济之中。

移动电话基站是移动网络基础设施中最基础，也是最关键的一部分，是连接用户终端设备和移动网络之间的纽带，直接影响着通信网络的覆盖范围及通信质量。基站数量越多，覆盖面积越广，信号传输质量也越好，从而为共享经济的运转疏通了“经脉”，使得人们参与共享经济变得简单、方便、快捷。移动电话基站数量快速增长，尤其是 5G 的开通，为共享经济带来了更多机会和变革。

如图 4—2 所示，截至 2022 年，我国移动电话基站数量高达 1083 万个，较 2014 年翻了三番。特别是 2019 年，我国正式发放 5G 商用牌照，互联网设施建设持续升级，4 年来，我国已经建成和开通 5G 基站 231.2 万个，占移动基站总数的 21.3%，成为全球 5G 基站数量最多的国家，实现了“市市通千兆、县县通 5G、村村通宽带”，大幅提升了我国通信网络的速度和质量，为共享经济带来了更多机会和变革。例如，在医疗领域，5G 网络的低延迟可以为远程医疗、智能医疗等应用提供技术支持；在教育领域，5G 技术可以支持在线教育，包括高清视频、虚拟现实和增强现实等，使跨时间和空间的学习更轻松。

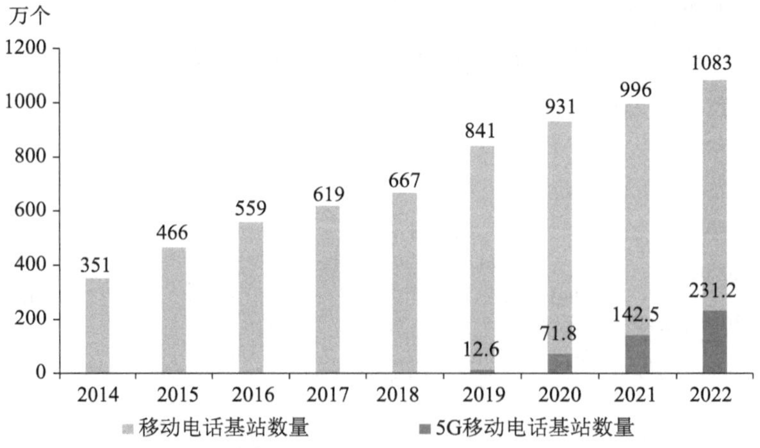

图 4—2　2014—2022 年我国移动互联网基础建设情况

数据来源：《中国互联网络发展状况统计报告》。

(三)卫星互联网

卫星互联网建设规模化、商业化，为共享经济未来发展提供了无限可能。

近年来，我国出台了多项推动卫星互联网建设向规模化、商业化转变的政策和规划。如 2020 年 4 月，国家发展和改革委员会明确把卫星互联网纳入“新基建”范畴。作为新型基础设施的主要内容之一，2021 年 11 月份，工业和信息化部印发《“十四五”信息通信行业发展规划》提出，加快布局卫星通信，加强卫星通信顶层设计和统筹布局，推动高轨卫星与中低轨卫星协调发展，推进卫星通信系统与地面信息通信系统深度融合，初步形成覆盖全球、天地一体的信息网络，为陆海空天各类用户提供全球信息网络服务。2023 年 2 月，工业和信息化部发布的《关于电信设备进网许可制度若干改革举措的通告》提出，将卫星互联网设备、功能虚拟化设备正式纳入进网许可管理。这些都为共享经济在未来的发展提供了无限可能。

二、经济和社会背景

日常生活中，我们经常可以见到街面上、地铁和公交车里、商场、医院等公共场所，人们埋头于手机或平板电脑。人们获取信息的方式逐渐转变为互联网和移动互联网。

如图 4—3 所示，我国互联网普及率不断提升。截至 2022 年，我国互联网普及率已经达到 75.6%，表明我国大部分居民都使用互联网进行信息获取、交流和娱乐。互联网突破时间和空间限制的特性给人们带来了前所未有的方便与快捷，人民的生活模式相应地依托互联网加速重建。

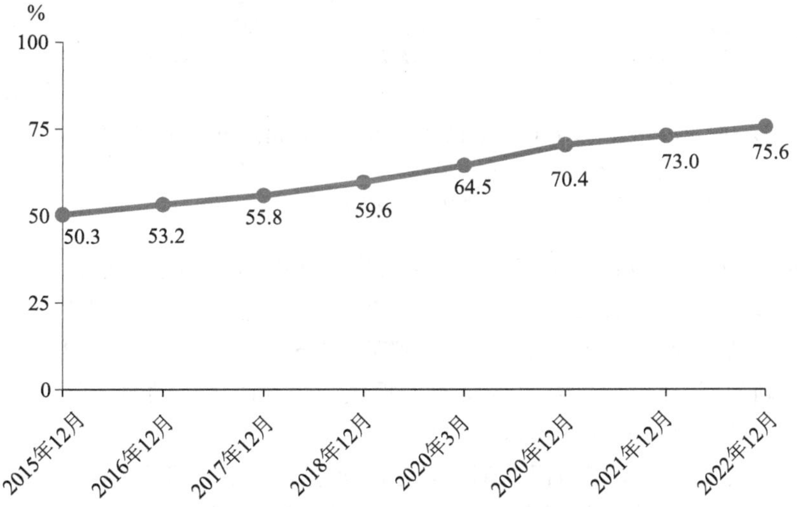

图 4—3　2015—2022 年我国互联网普及率

注：2019 年 12 月数据因疫情原因推迟至 2020 年 3 月收集。

（一）不断扩大的网民规模

共享经济的发展得益于我国超大规模的用户群体，不断扩大的网民规模为推动共享经济发展提供了强大内生动力。如果没有参与共享的人，无论多么完善的平台和匹配的资源也无法实现共享行为，只有大量拥有闲置资源或对某种资源有需求的企业或个体都参与到共享经济中来，才能实现共享经济的规模式发展。

如图 4—4 所示，自 2016 年以来，我国网民总数和手机网络用户数持续大幅增长。截至 2022 年，我国网民总数达 10.67 亿，较 2015 年(6.88 亿)增长了 55.1%，手机网络用户数增长更快，从 2015 年的 6.2 亿增长到 2022 年的 10.65 亿，占网民总数的 99.81%。网民数量的不断增加为共享经济提供了庞大的用户群，由此为共享经济向居民生活领域的渗透创造了有利条件。

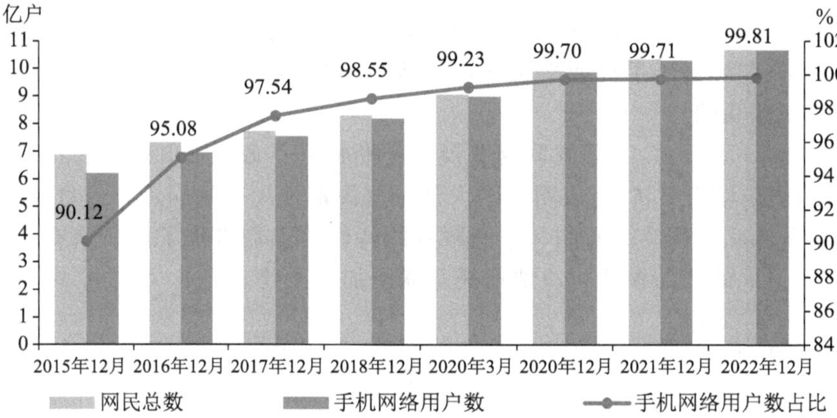

图 4—4　2015—2022 年中国网民总数、手机网络用户数和手机网络用户占比

注：2019 年 12 月数据因疫情原因推迟至 2020 年 3 月收集。

数据来源：《中国互联网络发展状况统计报告》。

此外，工信部数据显示，2022 年我国移动网络的终端连接总数已达 35.28 亿户，移动物联网连接数达到 18.45 亿户，首次超过移动电话用户数，开启万物互联的新时代。超十亿用户接入互联网，意味着我国形成了全球最为庞大、生机勃勃的网络社会，为共享经济发展提供了强大的内生动力。

（二）网民对移动互联网深度依赖

从移动互联网使用情况来看，随着移动通信设备普及和移动网络环境优化，人们生活的方方面面对移动互联网的依赖程度都在不断提高，网民对移动互联网深度依赖为共享经济发展提供了稳定且不断扩大的用户群。如图 4—5 所示，2021 年，我国移动互联网接入流量达 2216 亿 GB，比 2020 年增长

33.8%;移动互联网月户均流量(DOU)达13.36GB/户·月,比2020年增长29.7%。其中,由于手机终端功能逐渐强大、网络提速,内容端场景丰富,短视频、网络直播等大量应用广受使用,手机上网流量增长迅速,从2016年的84.2亿GB提升至2021年的2125亿GB,期间年平均增速高达90.7%,5年来在移动互联网流量中的占比平均达95.7%。

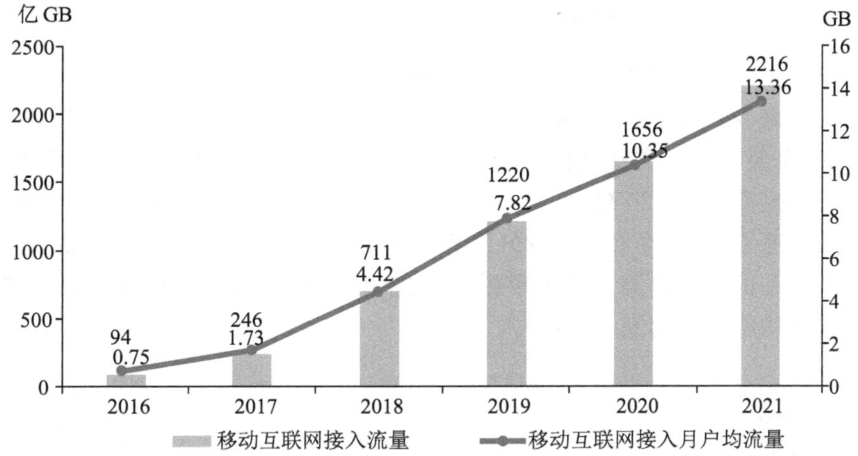

图4—5　2016—2021年移动互联网使用情况

数据来源:Wind数据库。

(三)消费观念转变

虽然社会生产力在科学技术的不断发展下得到大幅度提升,但需求增长滞后尤其是2008年国际金融危机导致全球市场需求严重萎缩,产能过剩引发了全球失业浪潮,加上传统工业经济以生产刺激消费为手段,给环境造成了由高消费带来的高能耗、高污染等巨大负担。在这种背景下,"80后""90后"逐渐成为消费市场的中坚力量,消费者的思维方式和生活理念也开始从专注所有权逐渐转变为关注使用权,从物质需求逐渐转变为精神需求,更加在意身体健康、知识技能、服务体验以及资源本身的使用价值,越来越多的人从"消费者"逐渐变成了"使用者"和"分享者",消费观念转变推动原有的共享行为规模化为共享经济的重要力量。

综上,互联网技术的巨大进步、人们对移动互联网依赖度的提升和消费者消费观念的转变是共享经济得以飞速发展的三个主要动力。传统的物品或信息共享受制于个人空间和信任程度,如今共享经济与新兴互联网技术结合,为聚集用户、促进增长、提升信任和确保安全提供了良好支撑,使得共享行为从亲朋好友拓展到陌生人之间,实现了短时让渡使用权以获取收益。在此基础上，移动网络环境不断改善，促使网民通过互联网构筑生活的各个方面。

第二节　共享经济发展现状

一、共享经济整体情况

（一）市场规模稳步增长，增速有所趋缓

近年来，在5G、人工智能、物联网等新技术的推动下，共享经济领域不断拓展，共享经济市场交易规模稳步增长。如图4—6所示，2022年，我国共享经济市场规模高达38320亿元，同比增长3.9%，为2016年（13659亿元）的2.8倍。从增速来看，共享经济在2017年发展速度最快，2019—2022年因受新冠肺炎疫情和国际形势等多种因素影响，共享经济增速显著回落，共享经济市场交易额平均增速回落至6.83%。

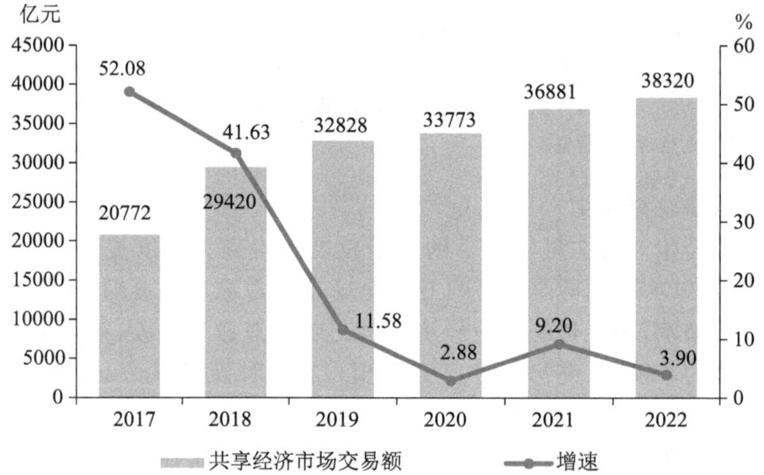

图4—6　2017—2022年我国共享经济市场交易额及增速

数据来源：国家信息中心。

（二）参与人数和平台企业员工数稳步增加

随着人们的消费习惯从线下转移到线上和共享经济在最大程度上调动每位共享者的冗余资源的理念日益深入人心，越来越多的人参与到共享经济中。

如图4—7所示，截至2020年，共享经济参与人数达到8.3亿人，较2016

年增加了 2.3 亿人。其中共享经济提供服务人数为 8400 万人，较 2016 年增加 2400 万人，平均每年增加 600 万人。可见，共享经济改变了传统的就业方式，创造了庞大的灵活就业机会，越来越多的劳动者根据自身兴趣、技能、时间和资源参与到各类共享经济活动中。

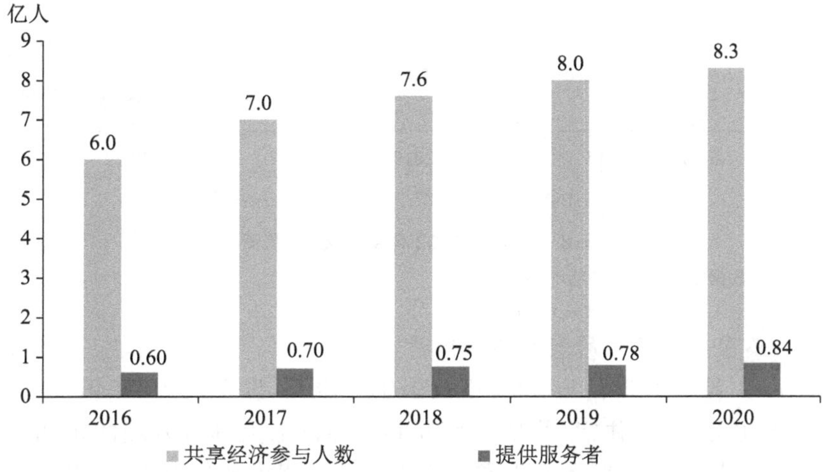

图 4—7　2017—2020 年共享经济参与人数及员工数量增长率

数据来源：国家信息中心。

（三）融资规模波动较大

近年来众多共享平台涌现使人们切身感受到共享经济带来的巨大影响，在国家发展政策支持和社会资本加速聚集等有利条件下，共享经济快速发展。

如图 4—8 所示，2016 年共享经济概念逐渐深入人心，大量社会资本开始涌入共享经济领域，2016—2017 年融资额出现高速增长。经历了 2016 年的野蛮增长和 2017 年的市场洗牌后，2018 年共享经济市场恢复了冷静，融资规模出现下降。虽然 2020 年受到新冠肺炎疫情冲击的不利影响，但共享经济融资规模反而出现逆势回升，2021 年升至 2134 亿元，约为 2019 年（714 亿元）的 3 倍。

2022 年共享经济融资规模再度出现骤降，全年融资规模仅有 132 亿元。其中的主要原因在于，受需求侧消费疲软、疫情多发散发和地缘政治等因素影响，平台企业营收与利润低迷，部分企业赴美上市意愿减弱，在一定程度上影响了我国互联网领域投资的信心。数据显示，截至 2022 年 10 月，在全球市值最高的前 500 家企业中，我国 16 家知名高科技企业的总市值约 1.41 万亿美元，而在美国，仅苹果公司一家的市值就约 2.22 万亿美元。2018 年我国 50％的上市企业选择了美股和港股，而 2022 年该比例下降到 20％以下。

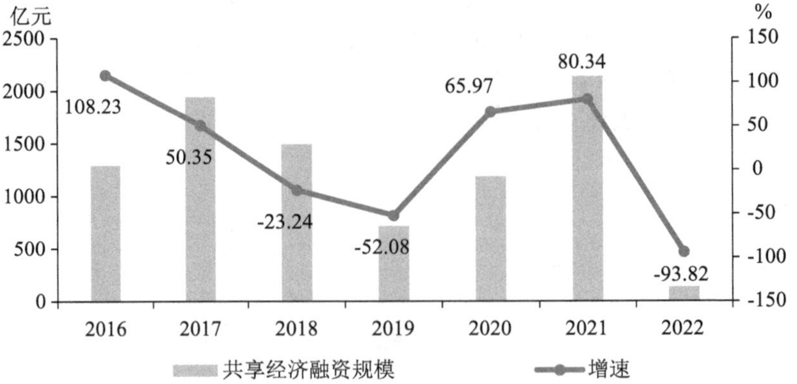

图 4－8　2016—2022 年共享经济融资情况

数据来源：国家信息中心。

(四)不同共享领域的发展不平衡情况显现

表 4－1 显示了 2017—2022 年我国生活服务、生产能力、知识技能、交通出行、共享办公、共享住宿、共享医疗等共享经济七大细分领域的市场规模及占比情况。其中，生活服务和生产能力市场交易规模超过万亿，占共享经济总体份额高达 80％以上，其次是知识技能、交通出行两个领域，市场交易规模超过千亿，共享医疗、共享办公、共享住宿的规模相对较小，市场交易规模仅过百亿元。

表 4－1　2017—2022 年我国分领域共享经济市场规模及占比

领域	2017		2018		2019		2020		2021		2022	
	规模(亿元)	占比(％)	规模(亿元)	占比(％)	规模(亿元)	占比(％)	规模(亿元)	占比(％)	规模(亿元)	占比(％)	规模(亿元)	占比(％)
交通出行	2010	9.7	2478	8.4	2700	8.2	2276	6.7	2344	6.4	2012	5.3
共享住宿	120	0.6	165	0.6	225	0.7	158	0.5	152	0.4	115	0.3
知识技能	1382	6.7	2353	8.0	3063	9.3	4010	11.9	4540	12.3	4806	12.5
生活服务	12924	62.2	15894	54.0	17300	52.7	16175	47.9	17118	46.4	18548	48.4
共享医疗	56	0.3	88	0.3	108	0.3	138	0.4	147	0.4	159	0.4
共享办公	110	0.5	206	0.7	227	0.7	168	0.5	212	0.6	132	0.3
生产能力	4170	20.1	8236	28.0	9205	28.0	10848	32.1	12368	33.5	12548	32.8

数据来源：Wind 数据库、国家信息中心有关报告(本章下文同，不再重复说明)。

从发展情况看，与2017年相比，2022年，我国不同领域共享经济发展较为不平衡。如图4—9所示，生活服务、交通出行、共享住宿和共享办公市场规模占共享经济总体份额有所下降，表明四个领域近年来发展相对放缓。其中共享出行和共享住宿是我国共享经济发展最早的领域，此前一直保持稳定的市场规模。2022年新冠肺炎疫情对人们日常出行和旅游等方面影响较大，共享平台的服务需求骤降，导致市场规模明显缩小。在共享办公领域，同样受经济周期、新冠肺炎疫情、远程办公等多种复杂因素影响，空置率过高，无法摆脱亏损、迟迟难以盈利成为该领域内的普遍状况，共享办公平台企业面临巨大的运营压力。以国内共享办公空间运营商优客工场为例，2021年第四季度优客工场实现净收入3.03亿元，同比增长8.7%；净亏损则高达16.98亿元。

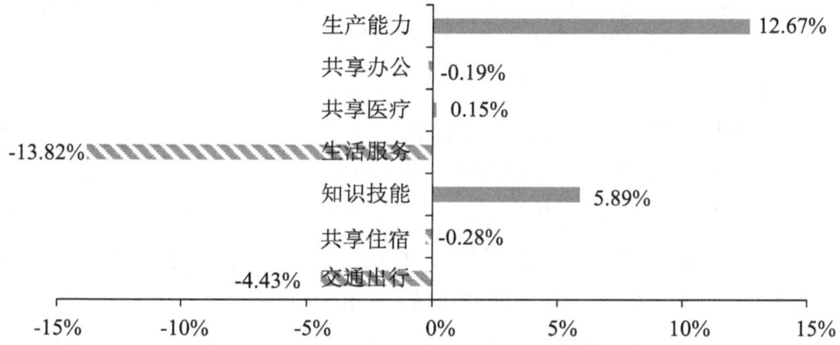

图4—9　与2017年相比，2022年我国共享经济分领域占比变化

但疫情在对部分共享经济领域产生较大负面冲击的同时，也对一些领域的需求产生了一定的“刺激”效应。得益于互联网的快速普及和应用，在线下活动受到严重限制的情况下，大量的消费和生产活动转到线上，在生产能力、知识技能和共享医疗等领域，短期内用户数量和交易量出现大幅增长。

二、重点领域发展情况

(一)共享出行

共享出行是非常具有代表性的共享经济领域，也是共享经济发展的重要组成部分，包括网约车、顺风车、共享单车和共享汽车等多种模式。如图4—10所示，2016年以来，我国共享出行行业始终保持千亿级规模，其中2019年达到最高，为2700亿元。2020—2022年，受新冠肺炎疫情影响，人们日常出行频次有所降低，出行市场规模也有所下降。随着我国共享经济的发展以及公共交通基础设施的完善，共享出行理念和绿色环保理念深度融合，预计共享出行市场规模将会呈现持续上升的趋势。

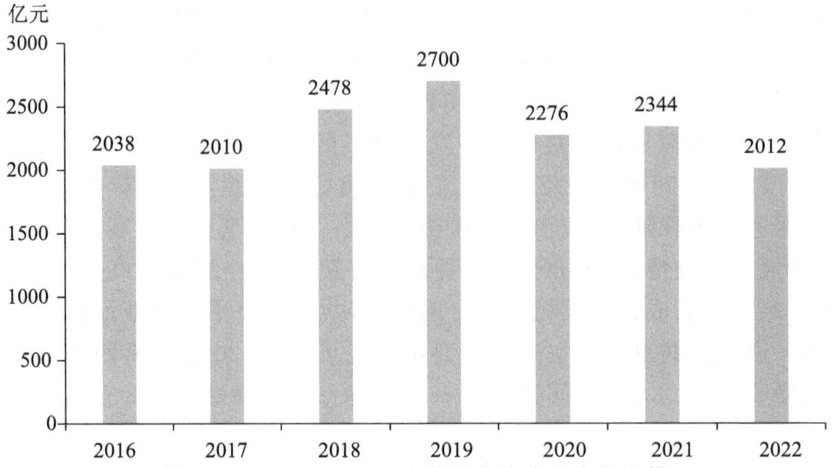

图 4—10　2016—2022 年我国共享出行市场规模

1. 网约车

网约车模式主要由平台、司机、车辆三个要素构成。其中,平台是网约车的核心,负责提供信息服务、订单分配、支付结算、安全保障、用户管理等功能,也是网约车的品牌和形象的代表;司机是网约车的执行者,根据平台的指派,为乘客提供出行服务,后者则是网约车的收入来源;车辆是网约车的载体,决定了网约车的质量和效率,也是网约车的成本和投资。

具体来看,随着近年来消费者消费习惯的转变,我国网约车用户规模总体保持持续增长的趋势。如图 4－11 所示,2022 年我国网约车用户已达到

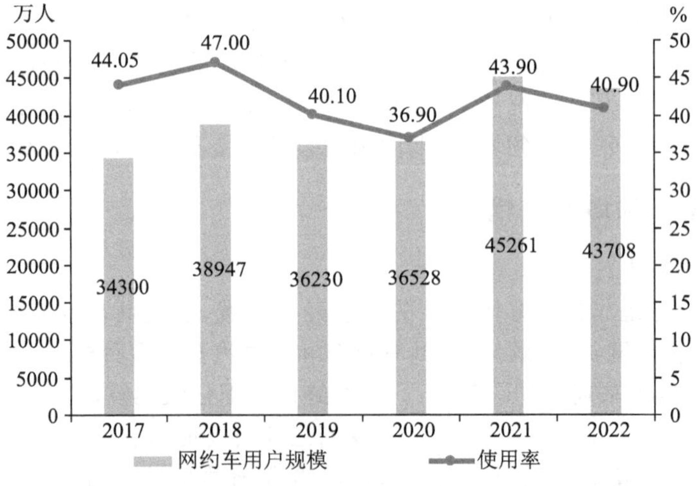

图 4—11　2017—2022 年网约车用户规模及用户使用率

数据来源:《中国互联网络发展状况统计报告》。

43708 万人，比 2017 年增加 9408 万人，用户规模已达到相当大的体量。从用户网约车使用率来看，2017—2022 年，我国用户网约车使用率始终保持在 40%左右，表明用户对网约车具有较高的依赖度。

网约车需求的扩大反过来也刺激了网约车平台数量的不断增多。如图 4－12 所示，2020—2022 年，国内网约车平台共增加 84 家，截至 2022 年，我国已有 298 家网约车平台公司取得网约车平台经营许可证。从主要平台的市场占有率来看，滴滴出行(62.9%)、神州专车(12.8%)、首约汽车(8.6%)和曹操专车(5.1%)共占据了 89.4%的市场份额，高于 2019 年的 86.7%和 2020 年的 88.2%，市场集中度呈逐年提高的走势。

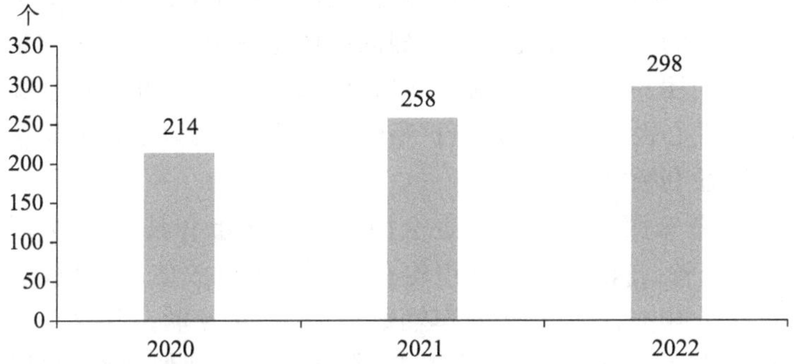

图 4－12　2020—2022 年网约车平台数量

从网约车平台的运营看，提供出行服务司机的数量是网约车平台服务质量的关键，如早晚高峰期司机数量越多，越有足够的运力保障乘客的用车需求，提供更多的优质服务。从总体看，我国共享出行服务司机数量增长非常快，如图 4－13 所示，2022 年，全国各地共发放网约车驾驶员证 509 万本，车辆运输证 211.8 万本，分别较 2020 年增长 76.1%和 89.1%。

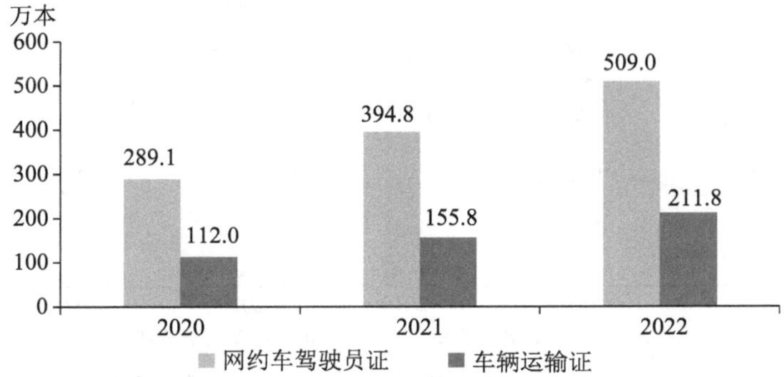

图 4－13　2020—2022 年网约车平台司机合规情况

网约车监管信息交互系统的信息显示，在订单量前10名的平台中，订单合规率（指驾驶员和车辆均获得许可的订单量占比）从高到低排序，分别是如祺出行、携华出行、享道出行、T3出行、万顺叫车、首汽约车、曹操出行、滴滴出行、美团打车、花小猪出行。其中，滴滴出行、美团打车、曹操出行等平台订单合规率较2021年均实现翻倍增长。

2. 共享单车

随着我国智能手机保有量的稳步增长，智能手机渗透率持续提升，受此推动，居民移动支付习惯逐步养成，为共享单车的渗透和发展奠定了良好的基础。

在发展初期，共享单车企业如雨后春笋般不断涌现，注册登记的企业数量多达数百家。其具有明显的网络经济性、规模经济性特征，随着网络布局的构建形成，大量实力较小的共享单车企业在激烈的市场竞争中被淘汰，最终形成哈啰单车、青桔单车和美团单车三家分割市场的格局，三个平台的市场份额总和超过95%，企业运营重心也从原来的规模扩张转向提升供需匹配效率、增强精细运营管理、创新有效盈利模式。

目前，共享单车服务已广泛覆盖全国大中小城市和县城。截至2022年9月底，全国31个省、自治区和直辖市均有共享单车投放使用，投放运营的县级及以上城市超过400个，有效运营车辆数约为1490万辆。共享单车的出现有效解决了用户“最后一公里”的交通需求，服务可及性和便捷性明显提升，节约了用户的时间成本和服务费用成本，用户渗透率大幅提高。

同时，随着共享理念与绿色理念的进一步融合，人们对环保和健康意识的不断增强，与汽车相比，共享单车不排放尾气，能够减少空气污染和碳排放，因此选择共享单车出行也成为追求环保的一种生活方式。如图4－14所示，截

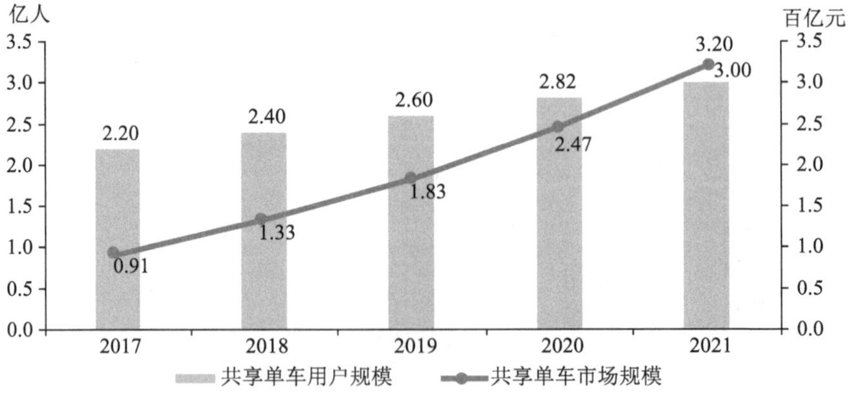

图4－14　2017—2021年共享单车用户规模及市场规模

至 2021 年，我国共享单车用户规模已达 3 亿人，为 2017 年用户规模的 1.36 倍；共享单车市场规模超 320 亿元，为 2017 年市场规模的 3.52 倍，充分显示出我国共享单车用户规模和市场规模持续稳步增长，其中，市场规模增速较快一方面是受价格因素影响，另一方面则与共享单车的使用频率不断提高密切相关。

从节能减排效果来看，以美团单车为例，自其运营以来至 2021 年 9 月，其用户累计减少二氧化碳排放量 118.7 万吨，相当于减少了 27 万辆私家车行驶 1 年的二氧化碳排放量。其中电单车减碳效果更佳，一辆电单车全生命周期净减碳量为 558.05 千克，而普通人力单车为 213.70 千克。相比于汽车、摩托车等高碳出行方式，共享电单车在使用阶段实现零排放，若考虑耗电量以及上游发电过程中产生的碳排放，则平均单位碳排放量为燃油汽车的 10%、燃油摩托车的 20%、轨道交通的 30%、公交车的 80%。

（二）共享金融

我国居民储蓄率较高，潜在的投资需求巨大。传统的金融机构其主要服务主体是大客户、高资本群体，持有零散小额资金的普通消费者群体很难获得金融资源、金融知识和对称信息，只能购买银行理财和货币基金等类似固定收益产品。随着居民收入和财富的持续积累，不断增加的投资需求和供给相对不足投资品之间形成鲜明对比。在此背景下，共享经济出现以来，共享金融模式利用现代互联网信息系统、大数据、云计算、移动通信等技术，吸引了社会闲散金融资金和参与者，让参与者随时随地发布资金的供给和需求信息，更加高效地完成金融资源进行线上线下的整合工作，使市场上小微、零碎和错配的金融资源通过资金供给和资金需求方参与、双向自主选择变得有序流动，实现供需双方直接融资交易，从期限上、金额上、风险上减少金融资源的错配现象。

据第三方平台 QuestMobile 中国移动互联网 TRUTH 数据库，从月活跃用户数、月人均使用时长等看，2021 年末综合用户活跃度较高的共享金融平台前十名分别为：京东金融、天天基金、度小满金融、蚂蚁财富、好福利、天星金融、中邮钱包、欢太金融、滴滴金融、钜丰贵金属。

如表 4－2 所示，头部共享金融 App 中有 5 家有互联网平台背景，分别为京东金融、天天基金、度小满金融、蚂蚁财富、滴滴金融。以京东金融和天天基金为例，京东金融依托于京东电商平台积累的强大流量基础，其用户活跃度各项指标在综合理财类 App 中位列第一。2021 年 12 月京东金融当月活跃用户人数 3834.91 万人，日活用户人数为 707.87 万人，月人均使用时长 68.55 分钟。京东金融 App 上线至今，业务已拓展至投资理财、信用借贷、保险保障、生活服务、互动福利、分期购物、花生社区等方面，整合了京东旗下支付、小贷、基金销售、保险等金融牌照，为用户提供一站式财富管理服务。天天基金作为互联网券商龙头东方财富旗下的共享金融类 App，与东方财富 App 同一账户可以互通，在一定程度上也获得了母公司东方财富的流量支持。2021 年 12 月天天基金活跃用户人数 2108.48 万人，同比增长 17.31%，用户活跃度仅次于京东金融；日活用户人数 477.07 万人；月人均使用时长 38.13 分钟。东方财富 2021 年年报数据显示，截至 2021 年末，天天基金非货币市场公募基金保有规模 6739 亿元，累计基金销售额超 6 万亿元。

表 4—2 2021 年 12 月共享金融类 App 用户活跃度前 10 名

App	月活跃用户数（万）	月活跃用户数同比（%）	日活跃用户数（万）	月人均使用时长（分钟）
京东金融	3834.91	—9.86	707.87	68.55
天天基金	2108.48	17.31	477.07	38.13
度小满金融	640.74	95.18	61.76	11.02
蚂蚁财富	250.11	—13.13	79.80	104.78
好福利	228.58	42.92	21.67	14.67
天星金融	227.22	—26.01	23.06	4.74
中邮钱包	137.82	48.62	14.12	10.89
欢太金融	84.51	—	5.11	4.59
滴滴金融	70.63	—5.49	16.28	88.63
钜丰贵金属	64.02	68.19	5.28	4.50

（三）共享医疗领域

长期以来，我国医疗行业一直存在资源分布不均，与看病难、看病贵同时存在的是大量医疗资源使用效率不高甚至闲置的问题。

以床位资源为例，如图 4—15 所示，2012—2021 年，我国病床闲置数量不断上升，其中二级、一级医院床位闲置率已然达到了 20%以上。可见，我国医疗体系内具有海量剩余资源有待激活，而共享医疗的核心就是激活现有体系内的医疗资源，促进优质医疗资源的充分市场化流动，平衡不同地域、不同医疗机构之间的供需不均衡局面，提升医患精准匹配，推动分级诊疗、多点执业的政策落地，实现医生、患者、医院等多方共赢。若能够在不同级别的医院之间，实现资源合理配置和共享，则能够进一步减少病床成本，实现资源充分利用。

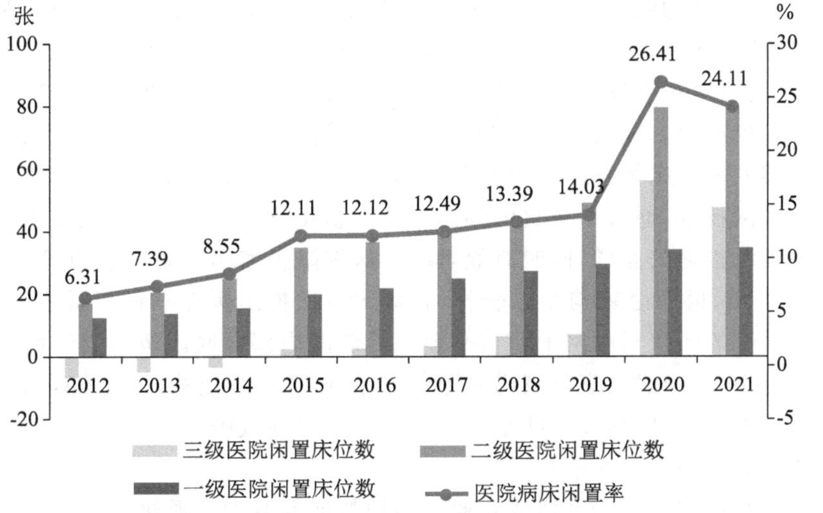

图 4—15 2012—2021 年分类别医院床位闲置数及我国病床闲置率

数据来源：国家卫生健康委员会。

我国共享医疗主要以线上问诊和线下设备共享两种模式开展。从线上问诊来看，如图 4—16，2018—2022 年，我国在线医疗用户规模不断上升，增速先上升后下降再上升，行业整体呈现快速发展态势。2020 年以来受新冠肺炎疫情的影响，居民对于线上医疗的需求迅速增加。2021 年随着新冠肺炎疫情形势好转，且受 2020 年高基数因素影响，共享医疗用户规模增长幅度出现短暂降低。2022 年新冠肺炎疫情多点散发，且互联网医疗平台建设愈发完善，人们对共享医疗的需求再度激增。2022 年我国共享医疗用户规模已达 3.63 亿人，占整体网民的 34%。

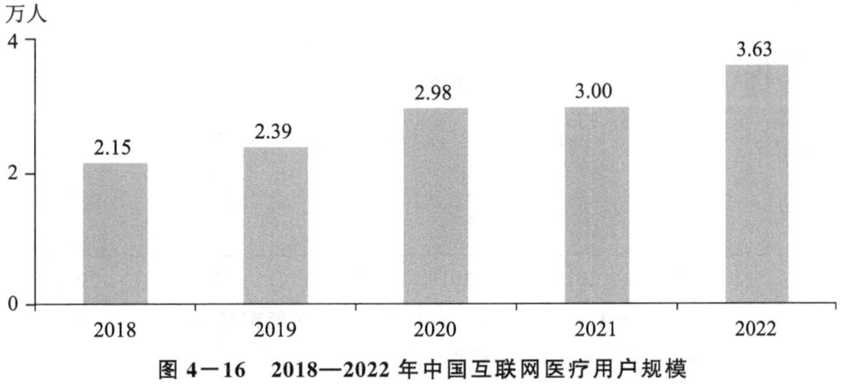

图 4—16 2018—2022 年中国互联网医疗用户规模

从医疗设备共享来看，医疗资源以产品化的方式出现，具有共享性和透明化的特点，其拥有者不再是单一的某个医疗机构，因此可进一步降低医院成本，并提高医院对突发事件的应急能力。目前国内最为常见的是共享陪护床和共享轮椅产业。在繁杂的医院环境中，陪护问题日趋严重，众多病人家属若没有足够的陪护床休息而时常感到力不从心。共享陪护床和共享轮椅采用全新的物联网技术，通过手机自助扫码就可以租用，较好地解决了医院中陪护床和轮椅资源匮乏的问题，同时有效解决了医院陪护家属夜间休息的问题。

2015 年，健康之家与京东合作，在国内首次推出医疗器材租赁服务，并建立了全国性的医疗器材网上租赁平台。目前国内部分医院也建立了医疗设备资源共享中心，通过共享设备分摊成本。在共享医疗模式不断成熟和有关政策推行的推动下，医疗设备共享将成为共享医疗领域中非常重要的发展方向。

（四）共享知识技能领域

共享知识技能是指个体或企业把知识技能等智力资源进行整合通过互联网再共享给其他人或企业的一种共享模式。随着互联网技术的快速发展及普及，越来越多的个体或企业选择借助互联网来进行有效的网络虚拟交互，并共享其知识技能，这种开放网络和交互方式催生了巨大的知识资本存量，从而加速了知识的流动与社会创新发展。

近年来，共享知识技能领域发展迅速，根据《中国共享经济发展报告(2023)》，近年来我国共享知识技能市场规模不断扩大，如图 4—17 所示，交易规模从 2017 年的 1382 亿元增长到 2022 年的 4806 亿元，五年间市场规模增长了 3 倍多。

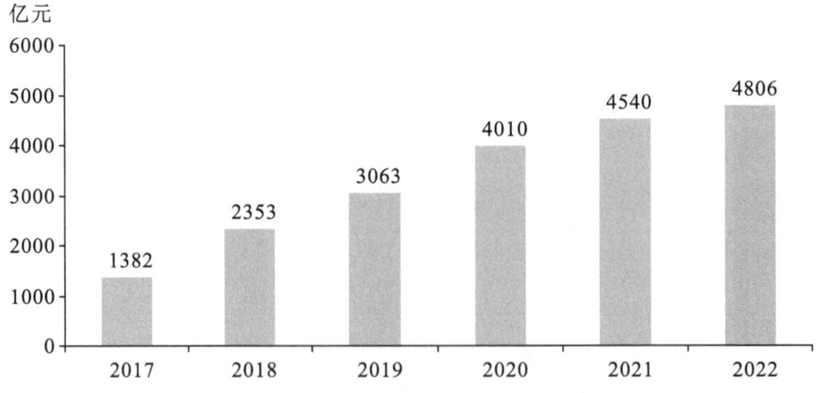

图 4—17　2017—2022 年共享知识技能市场规模

资料来源：《中国共享经济发展报告(2023)》。

从当前市场发展情况看，知识技能共享平台可以划分为以下几个方面：知识问答类（知乎）、直播短视频类（抖音、小红书）、视频音频类（腾讯课堂、喜马拉雅）、阅读类（知网）。其中抖音发展最快，2016 年 9 月创立，一经上市就被广泛传播，用户群体为全年龄段，深受各个年龄段喜欢，活跃用户数由 2017 年刚突破 1000 万人增长到 2022 年突破 7 亿人。小红书发展也是比较迅速的，该平台于 2013 年 6 月推出，主打生活方式共享，2015 年用户达到 1500 万，2017 年突破 5000 万，2019 年 1 月突破 2 亿。

虽然共享知识技能市场发展较好，但人们对于知识技能购买意愿却不高。人们习惯通过互联网搜索来获取自己需要的知识技能，而在通过共享平台使用知识技能遇到需要付费的情况下，人们往往选择放弃支付并继续去寻找免费的信息。

“知乎”作为一个网络问答社区是知识技能共享较好地实现。知乎的用户来自不同的行业和地区，有不同的经历，但他们都愿意向提问者共享着自己的知识和见解。

人们通过写作记录生活或者创作发表感想也成为一种新的生活方式。互联网不仅仅是文学作品的一种传播载体，更是一种新的生存环境，从而构成文学创作的背景和灵感之源。互联网在改变人们的生活方式和思维方式的同时，也改变了人们的文学观念。因为全民参与写作或与写作者密切互动的缘故，中国网络文学也蓬勃发展，成为一种万众瞩目的社会文化现象。根据 Wind 数据库的数据，近十多年，中国网络文学如雨后春笋般发展，市场规模从 2011 年的 20 亿元增长到 2020 年的 268.1 亿元，10 年间增长了 13 倍多；用户规模从 2011 年的 2 亿人增长到 2020 年的 4.6 亿人，10 年间增长了 2 倍多；作品规模从 2015 年的 1168 万部增长到 2020 年的 2794 万部，5 年间增长了 2.4 倍，作者数量从 2014 年的 389 万位增长到 2019 年的 929 万位，5 年间增长了 2.4 倍。

根据中国社会科学院文学研究所 2023 年 4 月发布的《2022 中国网络文学发展研究报告》，2022 年中国网络文学市场规模达 389.3 亿元，同比增长 8.8%；网文用户 4.92 亿，付费阅读意愿强烈；中国网络文学作家数量累计超 2278 万。报告还对 2022 年网络文学受众的阅读付费情况进行了分析。2022 年付费与免费模式呈现共荣局面，付费内容质量、收入双增，付费模式再现高增长，在起点读书平台，2022 年 12 月的月活用户数同比增加 80%。

除综合性的共享平台外，一些专注某个领域的共享平台也有较好的发展，例如，专注于美食的 App 有下厨房、豆果美食等，现有活跃用户都在几百万人以上。

(五)在线教育领域

在线教育打破了时间和空间的限制,使学生足不出户就能享受海量教育资源,对传统教育起到了极大的补充作用。同时,相比传统教育,在线教育在课程选课、课程管理、教学方法、成绩评估、学习效率、时间空间、教学资源等方面都具备一定的优势。

在线教育的概念较早出现在英美等发达国家,如英国开放大学在1988年开设了第一门在线课程,大量地使用了“在线会议技术”。随着互联网的蓬勃发展,我国在线教育也呈现出蓬勃发展的态势。根据Wind数据库的数据,我国在线教育市场规模从2008年的352.2亿元增长到2020年的2573亿元,12年间增长了7.3倍。其中学前教育和中小学教育市场规模增长最快,7年间增长了大约10倍,学前教育、中小学教育市场规模分别由2010年的0.8亿、31亿元增长到2017年的8亿、298.4亿元;职业教育和高等教育市场规模7年间增长了3倍多,职业教育、高等教育市场规模分别由2010年的128.7亿元、318.1亿元增长到2017年的474.6亿元、1147.5亿元。

据中国互联网信息中心发布的《中国互联网发展状况统计报告》,截至2023年6月,我国网民规模达10.89亿人,互联网普及率达76.4%。随着教育信息化的持续推进,我国教育资源数字化建设成果愈加丰富,优质教育资源在不同地区、不同群体之间的流通与共享愈加方便,能用、好用的教育服务迅速增加,越来越多的人开始使用线上教育平台。新冠肺炎疫情期间,人们对在线教育的认知和使用迅速提升,如图4—18所示,2015—2021年,我国在线教育用户规模持续快速扩大,从0.88亿增长到2.98亿。

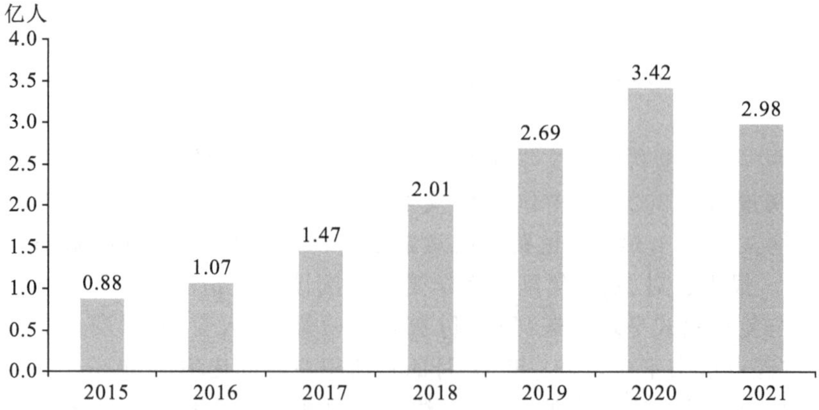

图4—18 2015—2021年在线教育用户规模

数据来源:Wind数据库。

2003年我国启动了国家精品课程建设项目，根据高等教育出版社的统计，截至2012年共完成3910门课程，主要以课程网站为主要呈现形式。2013年启动了国家精品开放课程建设项目，截至2015年共完成2911门课程，主要以课程视频实录为主要呈现形式。2022年3月，国家高等教育智慧教育平台正式上线，由教育部倾力打造，目前是全球规模最大、门类最全、用户最多的高等教育平台，覆盖13个学科门类、92个专业类，面向高校师生和社会学习者开放精品课程。同时，还整合多家在线教育平台，使得课程资源进一步多样化。这一类平台的出现，填补了市场的空白，也是在线教育行业重要的组成部分。

2012年慕课(Massive Open Online Course)的出现标志着在线教育进入新阶段。它是基于课程学习和教学理论的进步，以及互联网发展而产生的一种大规模在线开放课程形式。教育部于2018年和2019年分两批推出1291门国家精品慕课。国内慕课平台也呈现多元化的发展态势：有以国家精品开放课程为主的“中国大学MOOC”；以数据科学、电商运营、编程、外语等各类职业技能培训为主的“网易云课堂”；以中小学及基础教育为主的“华师慕课”等。中国慕课从无到有、从小到大、从弱到强，以服务职业教育为主的“职教云”慕课学院为例，共上线了2700余门课程，开课期数超过7000余期，累计选课人数超过710万人次，共颁发超过60万张课程证书。

随着人工智能技术的迅速发展和场景普遍应用，在线教育发展也迎来了快速发展。首先，在线教育资源的开放性继续增强。以国家高等教育智慧教育平台为代表的开放资源平台成为主流，并为广大教育者所认识和接受。其次，智慧教育成为在线教育的发展趋势。随着人工智能的快速发展，新时代的在线教育与人工智能、大数据等新兴科技紧密结合，进入了“智慧教育”的发展阶段。例如，科大讯飞AI学习机借助人工智能大数据分析技术，通过1对1的AI家庭教师方式，帮助学生快速找到薄弱环节，进而有针对性地学习和巩固，科学高效地提高学习成绩。随着技术的不断突破，智慧教育将成为未来教育的主流。

未来我国在线教育市场将会更加多元化。一方面，商业化的在线教育平台将提供更加多样化的产品服务，比如腾讯课堂、有道精品课等；另一方面，公益性质的国家智慧教育平台等将进一步填补市场空白，在一定程度上缓解资源不平衡、不均衡问题。

(六)网上外卖领域

在外卖平台出现之前，品牌自营的麦乐送、宅急送等外卖形式已经存在，但受限于履约能力和门店覆盖范围，仅服务于周边顾客。近年来移动互联网和手机支付等技术快速发展,为外卖市场的发展创造了有利基础条件。2014年前后,国内外卖平台逐渐出现,各家平台通过大额补贴培养用户习惯,聚合了本地区的流量、供给和履约资源,形成可行的商业模式。

网上外卖的兴起改变了传统餐饮业的运作模式,提高了消费者的便利性和消费体验,为餐饮行业注入了新的活力。

根据中国互联网络信息中心的数据(如图 4—19),网上外卖用户规模从2015 年的 1.14 亿人增长到 2021 年的 5.44 亿人,在 6 年多的时间里增长了 4倍多。从使用和渗透情况看,我国网上外卖使用率持续提升,从 2015 年的16.5%提升至 2021 年的 52.7%,这表明网上外卖对居民生活领域的渗透不断深化。其中头部企业美团和饿了么发展最为迅速,市场占有率最高,两家企业的活跃用户数分别由 2014 年 12 月的 679.6 万人、638.1 万人增长到 2021 年 4月的 5730.4 万人、5887.8 万人,7 年间均增长了 8 倍多。

图 4—19　2015—2021 年网上外卖用户规模及网民使用率

资料来源:Wind 数据库、中国互联网络信息中心。

随着我国居民收入水平的逐年提高,加上消费者消费习惯的逐渐转变,通过线上平台进行消费逐渐成为人们日常消费的重要方式。在此过程中,网上外卖占全国餐饮业收入比重也随之不断上升。根据《中国共享经济发展报告(2023)》,如图 4—20 所示,2017 年我国网上外卖收入占全国餐饮业收入比重仅为 7.6%,2022 年这一比重提高至 25.4%,超过全国餐饮业收入的四分之一。

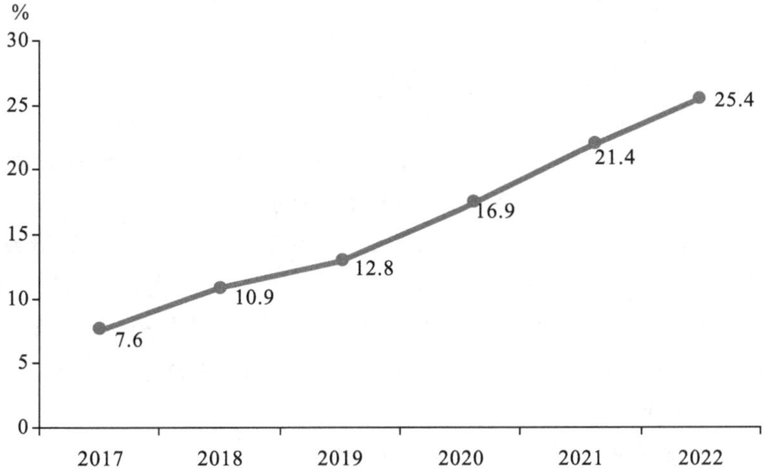

图 4—20　2017—2022 年网上餐饮外卖用户规模及网民使用率

资料来源:《中国共享经济发展报告(2023)》。

第三节　共享经济和平台经济发展情况专题调研

为深入了解我国共享经济的发展情况及存在的问题,尤其是疫情管控措施优化以来的发展情况,2023 年 5 月,研究组赴上海对共享经济和平台经济发展情况进行了专题调研。调研期间,研究组赴饿了么、支付宝、拼多多等多家平台进行了实地调研。

一、上海共享经济和平台经济发展情况

近年来上海市平台经济发展迅速,目前上海市包括共享经济平台在内的平台企业接近 400 家,仅次于北京和广东。从规模看,目前上海市已有支付宝、拼多多、饿了么、携程、特斯拉、欧冶云商等 13 个千亿级平台,在各个领域均有数字水平领先、具有引领效应的百亿级龙头平台企业。

(一)平台交易额稳步回升

调研显示,2022 年上海市平台企业实现交易额 44363.03 亿元,较上年同期增长 0.5%。其中,千亿级平台合计实现交易额 32824.2 亿元,较上年同期增长 1.1%,占平台交易额的比重为 74%,较上年提高 5.2 个百分点。2023 年 1 月份受疫情和春节因素双重冲击,平台交易额同比下降 8.9%,随着疫情和

节假日因素消退，2 月以来，增速止跌回升，2 月、3 月和 4 月同比分别大幅增长 36.1%、15.0%和 31.0%，连续保持高速增长态势。

（二）龙头平台营收和利润保持高速增长

2023 年以来，伴随国内消费恢复，拼多多、饿了么继续通过加大补贴、扩充品类、升级服务、充分保护消费者权益等一系列举措，进一步推动消费市场活力释放。1—4 月，拼多多和饿了么营收增速分别高达 50.6%和 54.8%，拼多多 2023 年以来利润总额累计月度增速延续 2022 年 3 月份以来的倍数级增长态势。从业务发展看，以小红书为例，自 2022 年小红书建成“种草—交易”的商业闭环以来，平台活跃商家和活跃用户数呈现指数级上涨，企业营收中来自广告的收入大幅增长，累计增速保持在 50%以上，1—4 月增速达 87.5%，环比提高 11.6 个百分点。

（三）平台企业向产业互联网转型步伐加快

当前，消费互联网市场增速放缓，产业互联网发展潜力才刚刚开始释放。一是消费领域平台加快向综合性数字服务平台转型。2023 年以来，上海市电商平台积极参与上海部分区“全国一刻钟便民生活圈”建设，更好满足居民日常生活消费。盒马、美团、饿了么等平台参与早餐工程建设，推出“网订店取”“网订柜取”新模式。饿了么等平台与传统菜场融合创新，共同开展智慧菜场创建，完善智能设施，数字化赋能菜场管理；电商平台与新老品牌企业深层次合作，赋能品牌营销、产品研发，提升品牌潜力和创新活力，2022 年“五五购物节”期间，拼多多联合央视开展“拼购全球好物多多”专场直播，带动老字号品牌等单日订单量快速增长。二是产业电商迈入供应链数字化快车道。产业电商作为制造业数字化、网络化、智能化的重要引擎，在带动产业互联网高速发展过程中发挥着非常重要的作用。如找钢网作为国内钢铁电商的头部平台，近年来精耕于钢铁全产业链数字化转型，陆续推出找钢商城、找钢云仓、胖猫物流、胖猫白条、找钢指数 App、智能数钢筋等互联网大数据产品，持续为钢铁行业提供交易、物流、仓储加工、供应链金融等全产业链服务；钢银电商在多年的钢铁产业深耕和领先的技术优势基础上，打造了“钢银云”系列智慧化软件服务，旨在通过云端技术为钢铁产业生产、服务、贸易、加工等各类企业提供低成本、专业型、智慧型的轻量化企业管理系统，构建了钢铁产业协同管理创新新生态。

（四）平台企业主动发挥自身优势，助力高质量发展

平台企业不仅在新型数字科技的研发和应用中起着举足轻重的作用，也在便利消费者、拓展消费市场、带动灵活就业等方面发挥积极作用。2022 年新冠肺炎疫情期间，饿了么、拼多多等平台企业全力投入抗疫保供。饿了么利用

信息收集、分析处理能力和其与超市、药店、农贸市场等传统业态紧密衔接的优势，弥补了传统快递、物流时效慢的问题，特别是面向独居老人、慢性病患者、婴幼儿等特殊人群的紧急需求推出的公益服务。在2022年上半年上海疫情最严重的两个月，饿了么“应急特需”通道响应紧急需求70725个，特殊药品、婴幼儿奶粉、无糖食品、跨江配送等需求满足率近100%。拼多多旗下多多买菜、快团团等平台，上线“48小时保供套餐”，通过集采集配的方式，以有限运力覆盖尽可能多的消费基本物资需求，实现“最后100米”集采集配的良性闭环。2023年以来，平台企业积极作为，不断推出促消费、扩就业等新举措。在促消费方面，拼多多连续四年参与上海“五五购物节”，投入40亿元消费补贴并设立上海购物专区，助力上海打造全国消费提振的样板城市，同时联合中央广播电视总台、东方卫视开展直播促消费活动；饿了么借力“直播经济”，联合抖音创新推出“五五欢乐购、直播好去处”直播，集合数万品质商户，开展直播促销。近年来拼多多持续深耕农产品电商，集中投入优势资源，推动全国100个农产带更快“拼上云端”，打造更具韧性和竞争力的数字化农产带，尽力打破农产品上行难关，消除农产品物流障碍。在平台经济快速发展的过程中，平台企业通过扩宽就业渠道、丰富就业形式，在增加就业机会、带动居民增收方面发挥了积极作用。

二、当前平台企业发展面临的困难和问题

（一）企业员工流动性大，用人成本不断上升

一是高端技术人才缺口不断扩大，不同行业和企业间人才竞争激烈。调研发现，平台企业对技术人才的依赖程度较高，本次调研的平台企业技术人员占比均高达70%左右。近年来，在新兴经济行业不断涌现，特别是“互联网+”类行业快速发展的过程中，因不同行业间的技术壁垒并不突出，技术人才尤其是高端技术人才流动频繁。二是人才向中西部地区和新一线城市流动的现象逐年增多。调研发现，受当地房价过高、生活压力较大等因素的影响，平台企业中选择向中西部地区和新一线城市转移的员工人数也逐年增多。以上两个方面的问题不但对平台运营产生影响，同时也导致平台企业用工成本不断增加。

（二）市场运行总体向好，但无序竞争现象仍然存在

经过十多年的快速发展，平台经济领域尤其是消费领域的增长红利逐渐消退，市场趋于饱和，再加上2023年以来消费回升不及预期，平台企业面临的市场形势比较严峻。在此背景下，同领域内平台企业的恶意竞争现象仍时有发生，存量时代的竞争也更加白热化。比如，为了快速获取用户，部分平台通

过低价营销甚至亏损这种“烧钱”的手段来抢占市场;平台企业以更加隐蔽的非市场手段来维持自身的竞争优势,如恶意举报、二选一等。这些在很大程度上冲击了行业的良性发展秩序,同时损害了平台经济优化资源配置的效率。

(三)平台经济“出海”受挫

平台经济“出海”既是我国企业全球化发展的趋势,也是中外交流的重要桥梁,但这一进程遭遇到多层面的困扰与掣肘。一方面,在数据与国家安全层面,2023 年 3 月,美国国会下属的美中经济与安全审查会(USCC)以供应链合规、数据安全、利用贸易漏洞等理由,提出要加强监管希音(SHEIN)①、Temu②等电商平台。随着 Temu 的进一步壮大,其很有可能受到美国更多的限制。另一方面,海外资本市场压力不减,虽然“中概股危机”在多方协作下得以缓解,但在美上市平台企业的前景依然阴霾重重,影响了中外投资者信心,平台企业海外融资渠道将继续受阻。

第四节　主要结论

本部分基于有关数据对共享经济的统计分析发现,近年来我国强大的互联网建设、快速普及的智能手机和庞大的网民用户规模为共享经济的发展提供了坚实的基础。云计算、大数据、移动支付和人工智能等技术的应用,使得共享经济平台能够实时地连接供需双方,为用户提供更为可信、安全、便捷、高效的服务,促进原有的小范围共享行为拓展到陌生人之间。作为一种新型的经济模式,共享经济已显示出巨大的市场优势。共享经济在我国发展迅速,市场规模逐年扩大,涉及人们衣食住行的方方面面,如共享出行、共享住宿、共享医疗、共享办公、共享知识技能、生活服务和共享生产等,为人们生活的各个领域提供了许多便利,提高资源使用效率,改善了居民就业和收入。

共享经济的发展模式正从追求规模和速度的粗放模式向更加注重发展质量和效率的集约模式转型,同时也意味着共享经济将从过去的超高速增长向中高速增长转变,整个共享经济发展将进入新常态。

目前国内共享经济的发展也存在一些不足。一方面,不同领域发展规模、速度和质量参差不齐,一些领域的发展还处在初步阶段,发展模式尚不成熟,

① 希音(SHEIN)是一家国际 B2C 快时尚电子商务公司。根据胡润研究院发布的《2022 年中全球独角兽榜》,SHEIN 以 4000 亿元人民币位列全球第五大独角兽企业。

② Temu 是拼多多旗下的一个跨境电商平台。

发展质量也有待进一步提升。相较于此前快速扩张阶段，当前共享经济已经步入相对平稳期，但由于宏观经济的下行压力、互联网领域投资和市场信心不足、互联网人口红利的消减以及共享经济行业的内部调整等因素，共享经济市场增速和融资规模显著回落。另外，不同领域内平台经营规范性不足，无序甚至恶性竞争的现象也仍然存在，这些在很大程度上制约着共享经济发展质量和速度的提升。

第五章 我国共享经济活跃度研究

从当前的研究文献来看，在缺乏直接对应数据的情况下，共享经济作为一种新经济形态，其测度有较大难度。本章利用结构方程的多指标多原因(MIMIC)模型，将技术能力、互联网发展基础等作为原因变量，采用两个指标如共享经济百度搜索指数作为显变量，定义潜变量为共享经济活跃度进行测算。

第一节 研究背景及文献综述

随着网络技术进步和互联网平台规范化，共享式商业模式如美国的 Airbnb 和 Uber 崭露头角，其后各类共享有形和无形资源的创新性共享模式蓬勃涌现，全球共享经济市场规模迅速增长。2016 年，我国《政府工作报告》首次明确提出支持国家共享经济领域工作，推动共享领域的建设与发展。近年来，我国陆续出台了多项包含大力发展共享经济的相关政策，例如《“十四五”数字经济发展规划》《关于推动平台经济规范健康持续发展的若干意见》等，不仅促进共享经济技术的创新突破，而且完善共享平台治理规则和制度，为其合理发展提供有效保障。国家信息中心发布的《中国共享经济发展年度报告(2022)》显示，2021 年我国共享经济市场规模相较 2020 年同比增长约 9.2%，达到 36881 亿元，共享经济在增强经济发展韧性和稳岗稳就业方面发挥了积极作用。

第五章

我国共享经济活跃度研究

共享经济活跃度是指在共享经济平台上参与共享活动的频繁程度和规模。共享经济活跃度高,意味着有更多的用户和提供者参与共享经济活动,资源实现充分高效利用,平台交易量和交易额增加,市场规模水平不断提高。因此,测度共享经济活跃程度,继而探索其影响因素,具有现实意义。

国内对于共享经济研究主要集中于概念界定、影响因素、监管机制和评价体系等,而共享经济活跃程度的测度研究相较于国外仍较少。现有研究多采用可量化的替代指标反映国家或地区的共享经济活跃度,如胡希凡(2018)选取了各地区百度指数反映的是用户对共享经济的认知活跃度和搜索需求,作为共享经济活跃程度的替代指标。Cristobal-Fransi E 等(2019)认为感知质量反映了用户对共享平台的满意度,会影响用户使用频率和持续使用意愿,间接反映真实的活跃程度。Yin(2022)则是使用共享平台用户数量和交易量直观地作为共享经济活跃度指标。Törnberg P (2022)通过分析 Airbnb 在 97 个市场中的市场份额,来衡量共享经济活跃度。Liu 等(2022)认为共享经济市场增长率是衡量活跃度的一个重要指标,它可以反映共享经济平台的发展速度和潜力。尽管替代指标与共享经济的活跃程度存在关联性,但替代指标选取具有局限性,无法全面反映活跃度的信息。

本研究的创新点在于:第一,从我国宏观层面选取与共享经济活跃度相关变量,综合考虑互联网基础、创新活力、技术产出、网络经济和社会发展五项影响因素,全面考虑影响因素构成的二级指标,建立指标体系,为不同国家或地区测度共享经济发展行情和活跃程度提供参考。第二,由于新兴的共享经济宏观数据存在样本量较小问题,因此,在该研究领域常采用的结构方程模型的基础上,进行贝叶斯估计,假定模型超参数分布拟合各路径参数,从而实现对共享经济活跃度的测度。

本研究对我国共享经济活跃度的测度研究思路:第一,通过梳理共享经济文献,了解国内外共享经济活跃度测度研究的最新成果,总结现有文献的不足之处,提出研究目的及创新点。第二,根据共享经济活跃程度的各影响因素的理论依据,合理构建涵盖原因变量和潜变量的指标体系,同时基于所选取的二级指标变量说明其数据来源,进行数据标准化预处理。第三,借鉴小样本研究中使用的贝叶斯估计 MIMIC 结构方程模型,针对上一部分的指标体系构建结构方程路径分析图。第四,实证分析部分基于 2015—2021 年共享经济活跃度变量数值做描述性统计,提前设定小样本贝叶斯结构方程模型超参数分布,配适性检验 MCMC 模拟参数收敛情况,在收敛的基础上初步拟合模型,修正不显著路径参数,得到最佳拟合结果,解释我国共享经济活跃度影响因素和测度值结果。第五,基于以上分析进行总结,根据各原因变量影响效应和活跃度趋势变化，提出关于增强共享经济活跃度的政策建议。

第二节　指标和数据

一、指标设计

现如今互联网技术日新月异，用户通过网络平台传播共享需求进行交易，扩大了受益群体，拓宽了新技术应用的社会基础，促进经济活跃程度。樊自甫等(2020)考虑到共享经济是互联网经济的一种新形态，将互联网基础设施引入共享经济评价体系，其中包括固定互联网和移动互联网用户数量及网络基站覆盖等变量。区域互联网基础发展程度对区域共享经济活跃产生正向影响，而目前在我国互联网用户多为民用，要反映互联网基础这一影响因素，选取的指标主要集中于固定互联网和移动互联网使用用户数量方面。此外，智能手机作为现代人们生活社交不可或缺的设备，且人们依赖智能手机获取共享服务，因此增加手机上网人数、移动互联网使用流量及较为普及的4G网络使用人数作为互联网基础的二级指标。

各类市场发展进步都离不开创新，而共享经济也同样是技术创新所带来的产物，一个国家或地区创新活力越强，其技术更新迭代的速度越快，从而实现各经济领域突破发展瓶颈，创造新的社会增益。共享经济作为新经济形式，已经遍及生活中的方方面面，如共享住宿、网约车服务及外卖服务等，为人们日常生活带来了极大的便利，促使更多的人参与到共享经济领域，共享经济发展同样存在技术难关，因此学者认为创新活力也是影响共享经济活力的一项重要原因变量。宋立丰等(2021)认为共享经济发展与科技创新演进是休戚与共的关系，通过综合交互关系的驱动机制实现，创新活力刺激共享经济更加活跃，向着模式分化共享、泛化及定制化共享和创新化共享演化。创新活力因素的度量可采取研发与投入支出(R&D)、新设经营主体数量、技术成交合同金额、技术市场成交额占GDP比重这些反映技术市场规模和社会进步的变量。

共享经济创造的价值具体表现在其所带来的产出，共享经济交易额是直接描述其技术产出的指标变量。出行、住宿、餐饮领域的共享型服务消费支出占人均消费支出的比重指标可从需求端反映共享经济技术成果带来的效益，变量比重越大，则说明共享经济越活跃。同时，共享型服务在各自生活领域服务当中的具体占比，反映了共享经济在生活服务领域的市场份额，从供给端反映了共享经济所带来的产出。

网络经济衡量的是电商平台和社交媒体平台等线上平台经济对于共享经济的推动情况，通过网络经济的发达程度以此测度共享型经济的活跃程度。不同于前述的互联网基础和技术产出两个因素对共享经济的影响，互联网基础聚焦于互联网配套设施发展程度对活跃度的影响，技术产出从社会整体共享经济消费收入角度侧面反映活跃度，而网络经济则是将共享型服务在网络平台上获得收益作为度量的标准，它是互联网基础影响因素的延伸，同时是技术产出因素的重要内容。考虑到目前共享型服务交易主要集中于线上操作，而线上交易是反映共享经济活跃度重要手段，因此通过对网络经济进行度量，能够重点从网络平台方面发掘共享经济活跃程度的表现。基于文献研究表明，线上交易活跃程度与交易额成正向关系，因此在对网络经济因素度量时，主要从电商平台交易额和网络支付交易额来反映其活跃度。同时，网络支付用户规模和快递数量也可作为线上交易活跃的表现方面，纳入分析指标体系。

社会发展因素作为各类经济市场宏观大背景，为共享经济平稳发展运行提供环境基础，是对共享经济活跃度进行测算所不可或缺的重要因素。此影响因素可用诸多指标进行度量，本研究选择的度量指标与共享经济发展息息相关，并且反映了社会发展程度的城镇化水平、交通发展水平与社会教育程度三个关键方面的情况，基于选取的指标可以有效度量我国社会发展的程度，进而对共享经济活跃度的测度提供合理有效的解释。

学者们普遍将社会对于共享经济的关注程度作为反映社会共享经济活跃程度的一项指标。本研究选取我国网民日常比较常用的百度搜索引擎为基础，查询涉及共享经济的关键词，包括共享经济、共享出行、共享住宿、共享知识、共享服务、滴滴、青桔、美团单车、途家、Airbnb、知乎、达达等，利用同一时期所有关键词的百度指数的算术平均值作为共享经济百度指数。由于百度指数只能从网民搜索角度测算共享经济的关注程度，不能全面反映社会整体对于共享经济搜索需求，而市场参与服务人数、用户规模和服务普及率，可以直接反映大众对于参与共享经济活跃度。因此，在测度时综合以上两方面进行指标体系构建。

本研究选取以下变量（见表 5－1）作为影响共享经济活跃度原因变量的指标，并选取共享经济百度指数和共享经济就业人数作为潜变量测度指标，由此建立共享经济活跃度影响因素的测度指标体系。

表 5—1　共享经济活跃度初步选取的指标变量符号说明表

变量属性	类别	变量符号	变量名称
原因变量	互联网基础	IF1	固定互联网宽带接入用户数
		IF2	移动互联网用户数
		IF3	移动互联网接入流量
		IF4	手机上网人数
		IF5	4G 以上用户总数
		IF6	智能手机普及率
	创新活力	IV1	新登记注册市场经营主体数量
		IV2	全年研究与试验发展(R&D)经费支出
		IV3	R&D 经费支出与 GDP 之比
		IV4	每万名 R&D 人员专利授权数
		IV5	技术市场成交合同金额
		IV6	技术市场成交额占 GDP 比重
		IV7	商标注册量
		IV8	发明专利授权量
	技术产出	TO1	共享经济交易额
		TO2	共享经济直接融资规模
		TO3	网约车客运量占出租车客运总量比重
		TO4	在线外卖收入占全国餐饮业收入的比重
		TO5	共享住宿收入占全国住宿业客房收入的比重
		TO6	出行共享型服务支出占人均消费支出比重
		TO7	住宿共享型服务支出占人均消费支出比重
		TO8	餐饮共享型服务支出占人均消费支出比重
	网络经济	NE1	电子商务平台交易额
		NE2	网络支付交易金额
		NE3	网络支付用户规模
		NE4	快递业务量
	社会发展	SD1	每万人拥有公共交通车辆
		SD2	人均城市道路面积
		SD3	每十万人口高等学校平均在校生数
		SD4	15 岁以上非文盲人口占比
		SD5	15—64 岁人口占比
		SD6	城镇常住人口占总人口比重

续表

变量属性	类别	变量符号	变量名称
潜变量	—	ASE0	共享经济活跃度
结果变量	活跃度测量	ASE1	共享经济百度指数
		ASE2	共享经济参与者人数
		ASE3	共享经济服务提供者
		ASE4	平台企业员工数
		ASE5	网约车用户规模
		ASE6	共享住宿用户规模
		ASE7	外卖服务用户规模
		ASE8	网约车网民普及率
		ASE9	共享住宿网民普及率
		ASE10	外卖服务网民普及率

二、数据来源与预处理

近年来共享经济在我国发展迅速并引起广泛关注，本研究选取 2015—2021 年作为我国共享经济活跃度测度的时间范围。原因变量中技术产出指标与除共享经济百度指数的其他结果变量指标的年度数据，来源于国家信息中心 2016—2022 年发布的《中国共享经济发展年度报告》，而共享经济百度指数则是研究期间共享经济关键词的年度搜索量总值。指标体系中其余原因变量指标年度数据来源于《中国统计年鉴》。

由于本研究所选取指标数据存在量纲差异，因此建模时需要作数据标准化处理，本研究分析用 AMOS 软件建立结构方程时，将原始数据输入模型可输出标准化处理结果，直接用于后续分析。

第三节　结构方程模型原理

一、MIMIC 结构方程模型原理

考虑到共享经济活跃度无法直接观测，本研究引入结构方程模型研究各项影响因素对共享经济活跃度的驱动机理。本研究确定了多个潜变量及相对应的可观测变量，运用贝叶斯方法对各变量之间的关系进行估计。根据研究

目的和变量特点，共享经济活跃度的影响因素研究使用的是多指标多因素（Multiple Indicators and Multiple Causes，MIMIC）模型，它是结构方程（SEM）的一种特殊形式，广泛应用于较难测度的潜变量分析研究。

MIMIC 指标通过原因变量因子分析、潜变量的路径分析和指标变量的对应分析建立模型，能够全面综合考量并测度出潜变量的值。MIMIC 模型最早由 Joreskog 和 Goldberg(1975)提出，该模型由结构方程和测量方程两部分组成，模型具体形式为：

$$\eta = \gamma_1 x_1 + \gamma_2 x_2 + \cdots + \gamma_p x_p + \xi \tag{1}$$

公式(1)为结构方程基本表达式，η 为潜变量，代表了共享经济活跃度，$x_i(i=1,2,\cdots,p)$ 为原因变量，是由显变量或外生潜变量表示，代表上述共享经济活跃度的各类影响因素，ξ 为误差项，结构方程模型描述了共享经济活跃度与各影响因素之间的线性关系。

$$y_1 = \lambda_1 \eta + \varepsilon_1, \cdots, y_q = \lambda_q \eta + \varepsilon_q \tag{2}$$

公式(2)为测量方程基本表达式，$y_j(j=1,2,\cdots,q)$ 为潜变量 η 的内生显变量，代表直接反映共享经济活跃度的结果变量，$\lambda_j(j=1,2,\cdots,q)$ 为测量模型的结构参数，$\varepsilon_j(j=1,2,\cdots,q)$ 为方程误差项，测量方程模型描述了共享经济活跃度与其结果变量之间的线性关系。将公式(1)和(2)转化为矩阵形式：

$$\eta = \gamma' x + \xi \tag{3}$$

$$y = \lambda \eta + \varepsilon \tag{4}$$

联立公式(3)和(4)可得，潜变量内生显变量与原因变量的线性关系方程：

$$y = \lambda(\gamma' x + \xi) + \varepsilon = \Pi' x + v \tag{5}$$

其中，$\Pi = \gamma\lambda'$，$v = \lambda\xi + \varepsilon$，且在上述方程中假定所有的测量误差都服从正态分布且相互独立，表示为：

$$E(\zeta) = E(\varepsilon) = 0, E(\zeta^2) = \sigma^2, E(\zeta\varepsilon') = 0, E(\varepsilon\varepsilon') = \Theta^2, E(vv') = \sigma^2\lambda\lambda' + \Theta^2$$

MIMIC 模型整合了因素分析与回归分析的优点。首先，MIMIC 模型能够充分利用各原因变量的信息，建立结构方程，选取有效指标变量建立测量方程，联立得出共享经济活跃度。此外，由于 MIMIC 模型自身结构特点，它不需要对变量关系进行严格的条件约束，并可以处理多个内生指标，允许外生原因变量与内生指标变量包含测量误差。最后，在结果分析中我们可以通过解读各因素荷载系数了解影响作用效果。

二、贝叶斯估计的结构方程模型原理

结构方程模型通常采用最大似然估计(ML)法进行参数估计，本研究为保证可观测变量均为同一频度，选取 2015—2021 年年度数据进行分析，单个样本量不足10,样本量过小,无法基于协方差结构进行最大似然估计。

通过文献研究发现,Song和Lee(2001)的研究结果表明,将贝叶斯方法用于结构方程模型当中,利用MCMC方法从未知参数的后验分布中抽取大量的样本对参数进行估计,能够根据样本的先验信息得到更为准确的结果,克服了小样本估计的局限性。贝叶斯估计是从参数的先验知识和样本出发,不再把待估计的参数视为一个未知变量,而是将看成为具有某种先验概率分布的随机变量,通过观测第i类样本D_i,使概率密度分布$P(D_i|\theta)$转化为后验概率$P(\theta|D_i)$。张言彩(2009)比较了极大似然估计和贝叶斯估计的特点,详细介绍了基于Gibbs抽样的贝叶斯方法应用于结构方程模型的原理,结果表明即使是小样本条件下,采用贝叶斯估计的结构方程模型参数的分布也具有高度精确性。

基于以上文献研究结果,本研究引入贝叶斯估计方法,通过AMOS软件中自带Bayesian估计功能进行Bayes-SEM模型的构建。在进行估计之前,利用MCMC方法进行随机采样,MCMC是在贝叶斯理论框架下通过计算机将马尔科夫过程带入蒙特卡罗模拟当中,该方法的应用最终依赖模拟的收敛。本研究通过确定多个初始值,同时产生多条马尔科夫链,进行多次迭代后,若参数迭代历史平稳,则判断该算法收敛。

三、结构方程理论模型建立

根据以上结构方程模型思路可以得到如图5—1所示的关系图,从图中可以直观地看到五项原因变量与共享经济活跃度这一潜变量之间的路径关系。

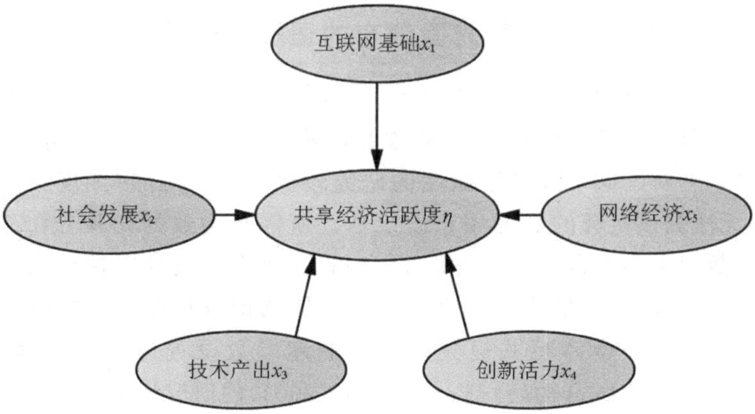

图5—1 理论模型潜变量间关系

由 MIMIC 理论中的公式(1)和(2),结合上述原因变量指标选取描述和潜变量关系图,可以得到本研究的结构方程模型形式,其中各参数向量的形式为 $\gamma=(\gamma_1,\cdots,\gamma_5)'$,$x=(x_1,\cdots,x_5)'$,$\lambda=(\lambda_1,\cdots,\lambda_{10})'$,$y=(y_1,\cdots,y_{10})'$,$\varepsilon=(\varepsilon_1,\cdots,\varepsilon_{10})'$,ASE1~ASE10 表示影响共享经济活跃度的十个具体变量,在公式(2)中表示为 $y_1,\cdots,y_{10}$。同时,可得结构方程模型中各个原因变量外生潜变量的线性方程形式为:

$$x_i=w_{i1}z_{i1}+w_{i2}z_{i2}+\cdots+w_{im_i}z_{im_i}+e_i \tag{6}$$

公式(6)中,x_i 表示第 i($i=1,2,3,4,5$)个原因变量,在关系图中可以直观地看到前文中构建共享经济活跃度所选取的五项影响因素原因变量,包括互联网基础、社会发展、技术产出、创新活力和网络经济。z_{im_i} 表示第 i 个原因变量中所选取的第 m_i 个变量指标,例如互联网基础原因变量中共有 6 个反映其影响程度的变量指标,此时 $m_1=6$,其他原因变量亦如此。

通过该结构方程的潜变量间和潜变量与指标变量间的相关关系,利用 AMOS 软件对参数进行贝叶斯估计,根据参数的显著性对变量进行筛选,进一步对路径图进行调整,将最终得到路径图中的参数用来构建结构方程和测量方程,由此可根据各年度指标参数计算年度共享经济活跃度量化值,从而实现对其进行测度的目的。

第四节 模型应用及影响因素筛选

一、贝叶斯估计超参数先验分布的适配性检验

实际研究中利用贝叶斯方法进行估计时,模型中待估计参数一般被确定为共轭先验分布,共轭先验分布中超参数的确定源于历史数据的分析结果,然而国内外学者对于共享经济活跃度的研究较少,且共享经济测度指标标准并不统一,无法提供足够的数据用于设定估计所需超参数的先验分布。由于未知的超参数通常会有自己的超先验分布,故本研究中贝叶斯估计结构方程模型的超参数先验分布,借鉴有关小样本贝叶斯结构方程模型的文献研究成果进行提前设定。有学者将共轭先验分布的超参数设置为已知值,如 Lee 和 Zhu(2000)、Shi 和 Lee(1998)、Lee 和 Song(2004)的研究证实这些值适用于大多结构方程模型中。本研究使用的超参数的先验分布如下:

$\Phi^{-1^D}=W(B,30)$,$\varphi_{\varepsilon k}^{-1^D}=Gamma(10,8)$,$\Pi_k^D=N(0.4,4\varphi_{\varepsilon k}I)$,

$\Gamma^D = N(M, \varphi_\xi)$

其中，$B = \begin{bmatrix} 8 & 0 & 0 \\ 0 & 8 & 0 \\ 0 & 0 & 8 \end{bmatrix}$，$M = \begin{bmatrix} 0.6 \\ -0.6 \\ 0.4 \end{bmatrix}$。

建模过程主要分为两部分：测量方程、结构方程的建立和贝叶斯分析过程中超参数的确定。为保证已建立的结构方程模型适用于2015—2021年的小样本数据集，选择合适的超参数尤为重要。利用贝叶斯方法进行实证研究时，可以通过对BGR诊断图和参数历史迭代过程收敛程度来判断模型的适配性。

该数据集进行拟合过程中前2000次迭代过程并不平稳，故统一舍弃前2000次迭代的结果，使用迭代收敛后的8000个样本以得到贝叶斯结果。根据拟合过程中参数的迭代历史，可以看出样本路径平稳，表明算法在T=8000代内会取得收敛的结果，也即MCMC链稳定融合。BGR(Brooks-Gelman-Rubin)诊断结果显示，参数缩减因子中位值、97.5%值及PSRF值趋于1，三条曲线相互拟合并达到稳定，说明利用该超参数组合的先验分布作贝叶斯估计迭代结果最终将达到一个稳定的状态，进一步说明结构方程模型会达到收敛程度。综合以上适配性检验结果，认为所建立的贝叶斯结构方程模型所选取的超参数组合能够达到拟合模型的目的，可基于此初步拟合模型。

二、模型初步拟合

根据以上原理，结合假定的超参数先验分布，构建贝叶斯估计的MIMIC结构方程模型，模型反映的原因变量和潜变量的具体路径如图5—2所示。下面利用AMOS软件输出结构模型与测量模型的各个路径参数以及模型的拟合效果指标，通过对这些拟合效果指标进行综合评价，判断初步拟合的结构方程模型是否能够较好地测度共享经济活跃度。

结构方程模型拟合效果评价指标具体数值如表5—2所示。综合结构方程模型评价指标来看，通过对模型进行拟合度检验可以看到，Chi-square / df为2.652，相对拟合指标和信息指数达到了理想的要求，这说明模型与数据整体效果拟合良好，但是绝对拟合指标中GFI、RMSE与ECVI与理想的评价标准有一定差距，因此需要对初始模型作进一步修正。

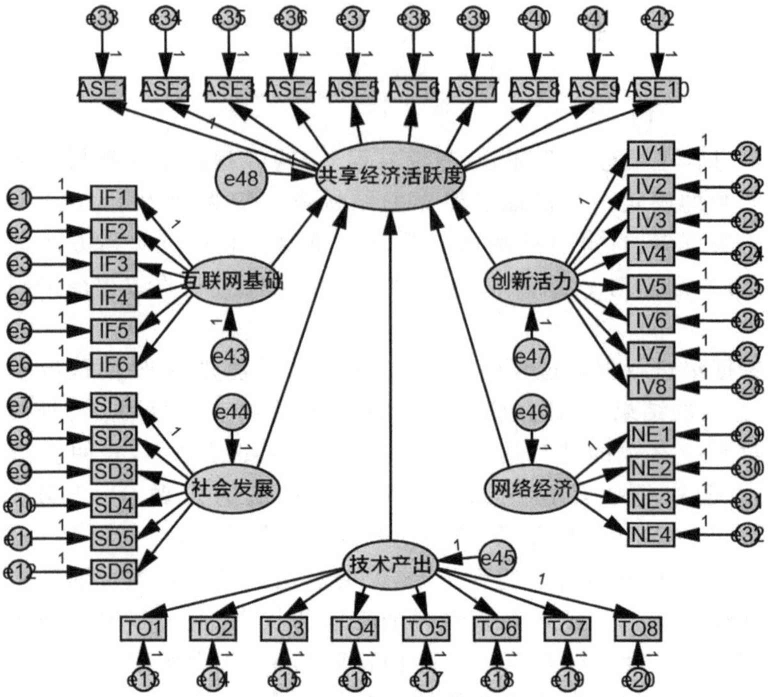

图 5—2　结构方程模型具体路径图

表 5—2　初步拟合模型评价指标数值表

拟合指标		评价标准	初步拟合结果	评价
绝对拟合指标	Chi-square/df	小于 3	2.652	理想
	GFI	大于 0.9	0.898	尚可
	RMSEA	<0.08 尚可，<0.05 较好，越小越好	0.057	尚可
	ECVI	理论模型值应<饱和模型和独立模型值	1.482	不好
相对拟合指标	NFI	大于 0.9，越接近 1 越好	0.900	理想
	IFI	大于 0.9，越接近 1 越好	0.935	理想
	TLI	大于 0.9，越接近 1 越好	0.926	理想
	CFI	大于 0.9，越接近 1 越好	0.935	理想
信息指数	AIC	越小越好	759.003	理想
	PNFI	大于 0.5	0.796	理想
	PCFI	大于 0.5	0.827	理想

结构方程模型各参数具体数值如表 5－3 所示。从每个原因变量的路径关系中可以看到,其第一个变量指标的权重均值都为 1,这是主观设置结构方程的比较基准权重参数,因而其标准差数值不需要计算。后面同一原因变量测度指标体系中其他指标的路径参数的权重均值将会以第一个变量指标为基础进行权重调整,并计算参数标准差,根据均值和标准差可以检验参数的显著性。

表 5—3　标准化的初始路径系数表

路径关系			贝叶斯估计法		
			Mean	*S. E.*	*P*
共享经济活跃度	<———	互联网基础	0.896	0.001	* * *
共享经济活跃度	<———	社会发展	0.692	0.001	* *
共享经济活跃度	<———	技术产出	0.241	0.001	*
共享经济活跃度	<———	网络经济	0.825	0.001	* * *
共享经济活跃度	<———	创新活力	0.722	0.001	*
ASE1	<———	共享经济活跃度	1.000	—	—
ASE2	<———	共享经济活跃度	1.037	0.001	* * *
ASE3	<———	共享经济活跃度	0.186	0.001	/
ASE4	<———	共享经济活跃度	0.674	0.001	* *
ASE5	<———	共享经济活跃度	0.595	0.003	* *
ASE6	<———	共享经济活跃度	0.722	0.002	* *
ASE7	<———	共享经济活跃度	0.985	0.002	* *
ASE8	<———	共享经济活跃度	0.072	0.001	/
ASE9	<———	共享经济活跃度	0.121	0.001	/
ASE10	<———	共享经济活跃度	0.221	0.001	*
IF1	<———	互联网基础	1.000	—	—
IF2	<———	互联网基础	1.036	0.001	* * *
IF3	<———	互联网基础	1.143	0.001	* * *
IF4	<———	互联网基础	0.131	0.001	/
IF5	<———	互联网基础	0.159	0.002	/
IF6	<———	互联网基础	0.788	0.001	* *
SD1	<———	社会发展	1.000	—	—

续表

路径关系			贝叶斯估计法		
			Mean	*S. E.*	*P*
SD2	<---	社会发展	1.009	0.002	* * *
SD3	<---	社会发展	1.025	0.001	* * *
SD4	<---	社会发展	0.921	0.003	* * *
SD5	<---	社会发展	0.973	0.002	* * *
SD6	<---	社会发展	0.993	0.002	* * *
TO1	<---	技术产出	1.000	—	—
TO2	<---	技术产出	1.211	0.001	* * *
TO3	<---	技术产出	0.398	0.001	*
TO4	<---	技术产出	0.499	0.001	*
TO5	<---	技术产出	0.454	0.001	*
TO6	<---	技术产出	0.762	0.002	* *
TO7	<---	技术产出	0.587	0.002	* *
TO8	<---	技术产出	0.725	0.001	* *
NE1	<---	网络经济	1.000	—	—
NE2	<---	网络经济	1.056	0.001	* * *
NE3	<---	网络经济	1.232	0.002	* * *
NE4	<---	网络经济	0.886	0.001	* *
IV1	<---	创新活力	1.000	—	—
IV2	<---	创新活力	0.231	0.004	/
IV3	<---	创新活力	0.567	0.001	* *
IV4	<---	创新活力	0.916	0.002	* *
IV5	<---	创新活力	0.401	0.001	*
IV6	<---	创新活力	0.873	0.001	* *
IV7	<---	创新活力	0.560	0.002	*
IV8	<---	创新活力	1.002	0.001	* * *

注：*、* * 和 * * * 分别表示参数在10%、5%和1%的置信水平下显著。/表示参数没有通过10%的显著性检验。

通过分析发现，五项原因变量对潜变量的路径系数显著，说明这五项影响因素对共享经济活跃度的影响作用显著，在实际当中这些因素发生定量变化时，会给共享经济的活跃程度带来一定的变化，由此也可说明通过五项原因变量建立共享经济活跃度测度的结构方程模型是可行且有意义的。至于各个原因变量的具体影响作用，则需要进一步对其包含的变量指标路径参数进行分析才能得出，整体拟合效果较好，无法说明结构方程具有实际经济意义，需要对每个参数进行分析。

在表 5—3 中，少数变量的路径系数没有通过 10%显著性检验，如共享经济活跃度因素内生显变量 ASE3、ASE8 和 ASE9 的路径参数不显著，互联网基础因素内生显变量 IF4 和 IF5 的参数不显著，以及创新活力因素内生显变量 IV2 的参数不显著。

通过贝叶斯估计出来的结构方程模型在该路径上的参数不显著的实际意义为该变量对潜变量的解释效果不显著，例如 ASE3 代表的共享型服务平台工作人员数指标在解释共享经济活跃程度波动方面效果较低，在统计学上表现为该参数无法拒绝为 0 的原假设，因而会选择将该变量剔除，之后依据简化的指标体系建立修正后的贝叶斯结构方程模型，以达到修正模型、提升模型解释效果的目的。

三、模型修正

当模型拟合效果不好时，可以依据修正指标进行模型扩展或是模型限制，这里主要参考 AMOS 软件输出的修正指数（Modification Index）和临界比率（Critical Ratio）分别对模型进行扩展与限制。模型扩展主要是释放部分限制路径或者添加新路径，以得到更符合实际数据的模型，从而优化模型的拟合度；而模型限制主要是指删除路径或对某些路径添加限制，简洁优化模型，增强模型的可识别性。

根据初始模型路径参数结果显示，删除不显著的路径参数，对结构方程模型进行优化。目前对于需要修正的 MI 阈值尚未达成定论，但可以从最大的 MI 值参数入手并结合期望参数改变量（Par Change）进行变量间关系的修正，根据修正指数的变化对误差项具有一定关联性的变量设置关联，结果如图 5—3 所示。

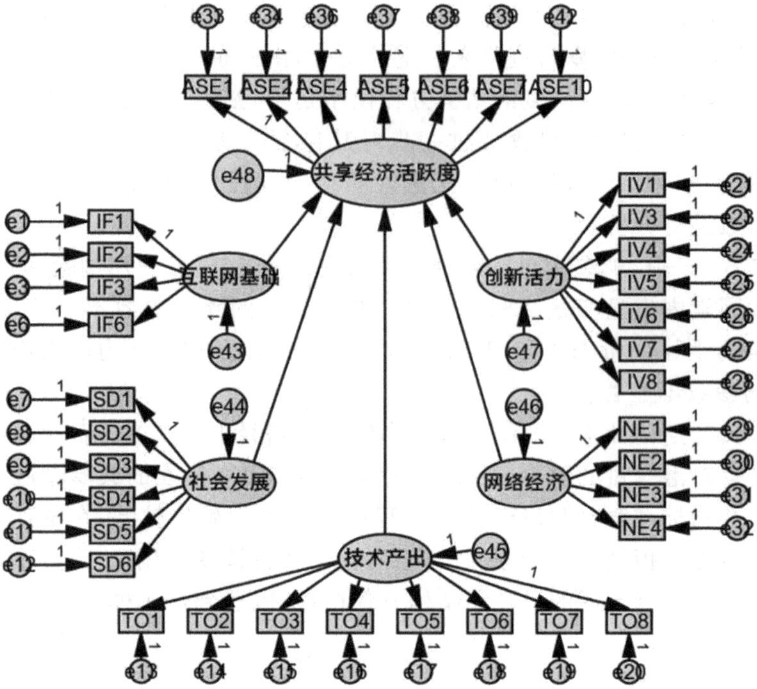

图 5—3　修正后结构方程模型具体路径图

经过修正，模型的各项拟合指标得到改善，如表 5—4 所示。修正后的模型与原始数据的适配度更高，模型更优，参数的正负号与理论高度一致，模型可信度较高。基于修正后的结构方程模型，进行下一步参数估计和模型结果分析，进而探索综合评价指标体系中指标之间的相互影响效应，对互联网基础、社会发展、技术产出、网络经济和创新活力这五个因素对共享经济实际影响进行定量分析，从而为共享经济活跃度测度提供实证依据，并为如何提升区域共享经济活跃度提出合理化建议。

表 5—4　修正路径后拟合模型评价指标数值表

拟合指标	拟合结果
Chi-square/df	2.308
GFI	0.913
RMSEA	0.048

续表

拟合指标	拟合结果
ECVI	0.817
NFI	0.914
IFI	0.949
TLI	0.942
CFI	0.949
AIC	674.540
PNFI	0.801
PCFI	0.832

第五节　共享经济活跃度测算结果

一、修正模型参数估计

由表5—5中的路径参数可知，对结构方程模型进行修正之后，五个原因变量的路径参数显著性都有所提升，表明模型剔除不显著变量后，模型解释共享经济活跃度波动的效果更佳。其中，社会发展的显著性水平从5%提升至1%，表明其在活跃度的测度过程中解释作用显著提高。此外，技术产出和创新活力因素的显著性水平也从10%提升至5%。整体来看，修正后贝叶斯估计的结构方程模型拟合效果有所优化。

表5—5　修正后的路径系数表

路径关系			贝叶斯估计法		
			Mean	*S.E.*	*P*
共享经济活跃度	<---	互联网基础	1.116	0.001	***
共享经济活跃度	<---	社会发展	1.060	0.001	***
共享经济活跃度	<---	技术产出	0.744	0.001	**
共享经济活跃度	<---	网络经济	1.002	0.001	***
共享经济活跃度	<---	创新活力	0.764	0.001	**

续表

路径关系			贝叶斯估计法		
			Mean	*S.E.*	*P*
ASE1	<———	共享经济活跃度	1.000	—	—
ASE2	<———	共享经济活跃度	1.171	0.001	***
ASE4	<———	共享经济活跃度	0.863	0.001	**
ASE5	<———	共享经济活跃度	0.499	0.002	**
ASE6	<———	共享经济活跃度	0.678	0.002	**
ASE7	<———	共享经济活跃度	0.990	0.002	**
ASE10	<———	共享经济活跃度	0.651	0.001	**
IF1	<———	互联网基础	1.000	—	—
IF2	<———	互联网基础	1.127	0.001	***
IF3	<———	互联网基础	1.013	0.001	***
IF6	<———	互联网基础	0.821	0.001	**
SD1	<———	社会发展	1.000	—	—
SD2	<———	社会发展	1.010	0.002	***
SD3	<———	社会发展	1.021	0.001	***
SD4	<———	社会发展	1.164	0.002	***
SD5	<———	社会发展	0.963	0.001	***
SD6	<———	社会发展	0.866	0.001	***
TO1	<———	技术产出	1.000	—	—
TO2	<———	技术产出	1.211	0.001	***
TO3	<———	技术产出	0.217	0.001	*
TO4	<———	技术产出	0.405	0.001	*
TO5	<———	技术产出	0.372	0.001	*
TO6	<———	技术产出	0.755	0.002	**
TO7	<———	技术产出	0.690	0.002	**
TO8	<———	技术产出	0.628	0.001	**
NE1	<———	网络经济	1.000	—	—
NE2	<———	网络经济	1.143	0.001	***
NE3	<———	网络经济	1.089	0.002	***

续表

路径关系			贝叶斯估计法		
			Mean	*S.E.*	*P*
NE4	<---	网络经济	0.936	0.001	* *
IV1	<---	创新活力	1.000	—	—
IV3	<---	创新活力	0.772	0.001	* *
IV4	<---	创新活力	0.865	0.001	* *
IV5	<---	创新活力	0.602	0.001	* *
IV6	<---	创新活力	0.692	0.001	* *
IV7	<---	创新活力	1.073	0.001	* * *
IV8	<---	创新活力	1.105	0.001	* * *

注：*、* * 和 * * * 分别表示参数在 10%、5% 和 1% 的置信水平下显著。

在五项因素当中，互联网基础因素对活跃度的权重均值最大为 1.116，表示在一个地区当中互联网基础越发达，当地的共享经济越活跃，且相较于对其他影响因素的提升，互联网基础提升将会给为活跃共享经济作出更大贡献。社会发展因素次之为 1.060，网络经济位于第三为 1.002。共享经济发展需要背靠广阔的共享型产品服务市场，因此依赖于社会整体经济基础，且作为新兴经济，其活跃度与网络发达程度密不可分，这也解释了其受到两项因素影响程度较大。技术产出(0.744)和创新活力(0.764)也会为共享经济发展增添活力，但它们更多是在某一时点实现质的突破，从而引起经济快速活跃，在长远时间范围内共享经济活跃受到互联网基础、社会发展和网络经济的影响较深。

从原因变量与内生显变量路径系数整体来看，相较于未修正前的结构方程模型路径参数值，少部分参数显著性有所下降，大多数参数显著性有所提高，下面将按照不同的原因变量分别分析每个变量指标的路径参数情况。

从共享经济活跃度这一潜变量来看，在剔除了共享型服务平台工作人数(ASE3)、网约车网民普及率(ASE8)和共享住宿网民普及率(ASE9)三个变量之后，该测量模型中所有路径参数在 5% 的显著性水平上显著，其中共享型服务工作人员数(ASE2)在模型中权重均值最大为 1.171，即它对于测度共享经济活跃程度具有最大作用。目前，我国比较常见的共享型服务包括外卖、网约车和民宿等，重点集中在日常生活必不可少的领域，因此该类服务业的繁荣程度可以重点反映共享经济活跃程度。

从互联网基础因素来看，该原因变量模型剔除了手机上网人数(IF4)和

4G 网络使用人数(IF5),修正后的模型中,移动互联网用户数(IF2)的权重均值最大,表明移动互联网用户数能够代表互联网基础这一原因变量,作为影响共享经济活跃度的重要指标,而手机和 4G 网络的使用人数两指标的代表性不足,三者之间存在正相关关系,如果考虑 IF2,则 IF4 和 IF5 对模型的解释同样存在一定的意义。我国共享经济发展与互联网紧密相关,而共享经济发展主体普遍使用移动网络发布产品和服务,实现共享经济模式运转,因此该变量在互联网基础中十分关键。

从社会发展因素来看,其原因变量模型未剔除变量,在进行修正之前,模型中所有参数都能通过 1%的显著性检验,拟合效果较佳。根据参数结果发现,15 岁以上非文盲人口占比(SD4)在该因素中权重最高为 1.164,城镇人口占比次之,可见社会平均受教育程度和城镇化水平是社会发展中的重要度量指标,且在很大程度上决定了区域共享经济的活跃程度。平均教育程度提高不仅可以提高人们学习能力,更重要的是提高人口素质,从而为共享经济发展提供正向反馈。交通水平(SD1、SD2)反映社交传播速度,人口水平(SD5)反映社会发展潜力,城镇化水平(SD6)反映人均生活水平,这些指标都是社会发展因素中的关键指标,也是影响各种类型经济发展的基本因素。

从技术产出因素来看,同样地,该原因变量模型中所有参数都能通过 10%的显著性检验,在修正后的模型中所有变量都保留下来。技术产出因素中权重最高的变量是共享经济交易额(TO2),该变量直接衡量了共享经济所带来的技术产出结果。而共享型服务的收入和支出在生活领域中的占比间接衡量共享经济技术产出结果,两方面指标结合构建的模型涵盖信息较为完善。

从网络经济因素来看,模型当中所有参数都能通过 5%的显著性检验,其中涉及的 4 个指标变量能够很好地解释网络经济这一影响因素,其中权重最大的是网络支付交易金额(NE2),考虑到共享型服务大多通过网络平台或手段为媒介进行交易,该变量适合作为网络经济因素的重点变量。

从创新活力因素来看,该模型剔除了全年研究与试验发展(R&D)经费支出(IV2),剔除变量之后的模型参数显著性都有所提高,且每个参数的权重均值也有明显的增加,说明该影响因素在共享经济活跃度整体当中的影响进一步提升。在显著变量当中,发明专利授权量(IV8)的权重最大为 1.105,表明创新发明可以最有效地衡量创新活力,且作为影响共享经济实现突破性飞跃的关键因素,该变量在对解释活跃度的过程中起到十分重要的作用。

二、共享经济活跃度测算

MIMIC 模型是结构方程模型的特殊形式,外生变量为解释内生潜在变量的原因变量，能够接受内外生潜在变量的测量误差，结果更为可靠，操作更为灵活。依据具有更大可信度的 MIMIC 局部概念模型的参数估计值，可分析每个对应测量变量对潜变量的影响。

通过对修正后 MIMIC 模型路径参数的分析，可见模型整体拟合结果良好，修正后的参数均通过 10％水平的显著性检验，且各个路径参数值符合实际中五项因素对共享经济活跃度的影响情况，各原因变量的测量模型中所涉及的变量路径参数值也符合实际情况。综上所述，利用贝叶斯估计得到结构方程模型能够有效解释共享经济活跃度的影响因素，基于此，本研究依据修正的 MIMIC 模型对共享经济活跃程度进行测算，具体结果见表 5－6。

表 5－6　共享经济活跃度 MCMC 贝叶斯估计值

年份	共享经济活跃度估计值	年增长率(％)
2015	1.439	—
2016	1.678	16.61
2017	2.058	22.65
2018	2.247	9.18
2019	2.560	13.93
2020	2.219	－13.32
2021	2.251	1.44

从表 5－6 可以看到，2015 年共享经济发展初始，利用贝叶斯估计的测度值为 1.439，此后四年内其活跃程度保持连年递增状态。2017 年增长率最高为 22.65％，在该年共享型服务受到广泛关注，各市场领域抓住共享经济兴起的势头，创造出丰富多样的共享服务和产品，如共享充电宝、共享雨伞和共享汽车等，反映在活跃度上其测度值有明显增长。2020 年疫情初期共享经济活跃度的增长有所下降，虽然疫情初期部分共享经济领域反而面临更大的需求，得到更快的增长机会，但共享经济整体受到显著的负面影响，较有代表性的如出行、住宿等领域。同时，从整体看，2020 年共享经济活跃度测度值本身仍然保持在发展初期以上的较高水平。2021 年较之 2020 年，共享经济发展有所回暖。

三、结论及建议

利用 AMOS 软件分析，基于 2015—2021 年的共享经济活跃度变量指标数据拟合得到贝叶斯估计 MIMIC 结构方程模型，实证分析得到各路径参数和共享经济活跃度测度值，总结得出以下三点结论：

一是对共享经济活跃度潜变量测度的五项原因变量中，原因变量影响程度由大到小依次是互联网基础、社会发展、网络经济、创新活力和技术产出。

二是五项原因变量分别剔除不显著二级指标修正模型，其中影响较大的指标分别是移动互联网用户数（IF2）、15 岁以上非文盲人口占比（SD4）、共享经济交易额（TO2）、网络支付交易金额（NE2）以及发明专利授权量（IV8）。

三是 2015—2019 年，共享经济活跃度保持连年递增趋势，其中 2017 年增长率最高，2020—2021 年，受疫情防控和关注度下降双重影响，2020 年共享经济活跃度测度值出现首次下降。

基于以上模型原理和参数估计结果，可进一步计算共享经济活跃度测度值，根据活跃度测度值进行经济意义解释，符合现实情况。本研究认为基于贝叶斯估计 MIMIC 结构方程模型对共享经济活跃度具有较好的测算结果，可以据此方法进一步分析不同区域的共享经济活跃程度，对模型做异质性分析。

基于上述结论本研究提出以下三点建议：

一是政府应加大对互联网基础设施的投资，互联网基础建设是共享经济蓬勃发展的关键要素。高速稳定的互联网连接和广泛的网络覆盖为共享经济平台提供发展空间，提高网络速度和可靠性，确保共享经济平台能够顺畅运作，继续稳定提升共享经济的活跃度。

二是加强对共享经济的商品服务宣传和知识普及。共享式商品服务主要通过网络平台进行交易，交易活跃程度与网民数量直接相关，政府和企业大力宣传共享经济，鼓励引导网民在该领域创新创业，将扩大共享经济市场规模，实现共享经济良性发展循环。

三是公平规范的社会发展环境和革新的互联网技术是维持经济活跃的重要保障。共享经济作为市场经济重要组成部分，其活跃程度与社会发展环境紧密相关，政府需加强网络经济的监管，完善平台治理规则，为其提供良好发展土壤，借助互联网技术推动行业融合创新，为共享经济市场注入新动能。

第六章

我国经济发展新动能的统计监测

为了更准确把握和测试共享经济的发展态势，本研究先就新经济发展中的新动能进行了测量，以此可以较好把握新经济发展的整体态势，为测试共享经济提供背景支撑，我们提出了反映经济发展新动能的统计指标体系和经济发展新动能指数的测算方法，从而为全面反映国家和地区在加快发展经济新动能、激发经济活力方面的潜力、进展和成效提供了量化依据。

第一节　经济新动能发展指数统计指标体系

党的十八大以来，我国经济发展进入新常态，党中央、国务院加快实施创新驱动发展战略，深化供给侧结构性改革，新产业、新业态、新商业模式快速发展，新动能不断集聚并加快成长，成为引领经济发展、推动经济转型升级的动力源泉。党的十九大报告明确提出，要建立现代化经济体系，培育新增长点，形成新动能。党的二十大报告进一步提出，要开辟发展新领域新赛道，不断塑造发展新动能新优势。

通过认真学习中央有关新动能新经济会议文件和领导重要指示批示精神，深入探究当前我国经济发展的新态势和内涵特征，我们发现，知识在经济发展中起着越来越重要的作用，已成为重要的生产要素，并作用于传统生产要素，成为孕育和培育经济新动能的重要基础。充满活力的市场主体和良好的市场氛围蕴含着经济发展的巨大潜力。当前,以互联网、物联网、云计算等新一代信息技术为主的新技术在各个领域广泛应用,不断形成新的经济形态,技术创新已成为经济发展的强大动力和关键因素。经济新动能不仅体现在新技术与各类经济活动融合发展而培育和催生的新产业、新产品、新业态和新商业模式等方面,也体现在传统产业在新技术的带动下不断调整升级,结构加速优化等方面。创新驱动下新兴经济的快速发展和健康成长必将对提升经济发展质量效益具有积极的促进作用。

综上所述,我们从经济发展的基础、潜力、动力、进展等方面,归纳概括出经济发展新动能的5个构成要素,据此构建指标体系。反映经济发展新动能统计指标体系分为两个层次:第一层次为经济发展新动能的5个构成要素,即知识能力、经济活力、创新驱动、网络经济和转型升级;第二层次为在每个一级指标下设置若干个二级指标,共29个指标。

一、知识能力

在知识能力一级指标中,主要围绕劳动力受教育程度,研发人员投入,专业技术、信息技术和高技能人才就业岗位等方面,反映推动新经济发展所需的知识型人才基础,共设置4个二级指标。

1. 经济活动人口中硕士及以上学历人数比例。该指标指全部经济活动人口中硕士及以上学历人数所占的比例,反映劳动者素质和受教育程度。

2.“四上”企业从业人员中专业技术人员占比。该指标指全部“四上”企业从业人员中专业技术人员所占的比例,反映专业技术岗位人才情况。

3. 非信息部门信息人员比重。该指标指非信息技术行业从业人员中信息技术人员所占的比例,反映各行业利用信息技术的能力。

4. 每万名就业人员R&D人员全时当量。该指标指每万名就业人员中R&D人员全时人员数和非全时人员折算为全时人员数的总和,反映研发人员的投入规模和强度。

二、经济活力

在经济活力一级指标中,主要围绕新增市场主体、政府和市场对科技企业的培育、资本市场、开放经济和物流发展等角度反映经济活跃程度对新经济发展的潜在推动力,共设置6个二级指标。

1. 新设经营主体数量。该指标指在市场管理部门中新登记的企业、个体工商户等各类市场主体数量,反映商事制度改革成效,体现新经济发展的市场基础。

2. 科技企业孵化器数量。该指标指国家认定的科技企业孵化器数量，反映政府和市场在培育和扶植科技企业成长发展方面的投入情况。

3. 国家级高新技术开发区企业单位数。该指标反映政府对新经济发展的扶持效果。

4. 实际使用外资金额。该指标通过衡量利用外商直接投资情况反映开放经济活力。

5. 快递业务量。该指标从物流发展的角度体现经济活力。

6. 工业企业有研发活动企业占比。该指标指规模以上工业企业有研究与试验发展活动企业所占比重。研究与试验发展(R&D)指在科学技术领域，为增加知识总量，以及运用这些知识去创造新的应用进行的系统的创造性的活动，包括基础研究、应用研究、试验发展三类活动。国际上通常采用 R&D 活动的规模和强度指标反映一国的科技实力和核心竞争力。

三、创新驱动

在创新驱动一级指标下，主要围绕研发投入、孵化器成效、研发产出和资本投入等方面，共设置 6 个二级指标。

1. R&D 经费支出与 GDP 之比。该指标指全社会 R&D 经费支出与国内生产总值的比率，反映全社会研发经费的投入强度。

2. 基础研究经费占研发支出比重。该指标指基础研究经费占全部研发支出经费的比重，反映基础研究和原始创新能力。其中，基础研究是不预设特定应用目的、旨在获得基本原理和基本规律的研究。

3. 企业 R&D 经费。该指标指企业 R&D 经费支出，反映企业研发经费的投入强度。

4. 科技企业孵化器内累计毕业企业数。该指标反映政府和市场在扶持科技企业发展和促进科技成果转化方面的成效。

5. 每万名 R&D 人员专利授权数。该指标指按 R&D 人员全时当量平均的专利授权数量，反映研发人员的产出效率。

6. 技术市场成交合同金额。该指标指针对技术开发、技术转让、技术咨询和技术服务类合同的成交额，反映科技成果转化成效。

四、网络经济

在网络经济一级指标中，主要围绕信息化基础及水平、电子政务、电子商务等方面，共设置 7 个二级指标。

1. 固定互联网宽带接入用户数。该指标从固定宽带普及角度反映信息化程度。

2. 动互联网用户数。该指标从移动互联网普及角度反映信息化程度。

3. 移动互联网接入流量。该指标反映移动互联网使用规模。

4. 电子商务平台交易额。该指标反映电子商务等新型业态的发展水平。

5. 跨境电子商务交易额。该指标反映跨境电商新型业态的发展水平。

6. 实物商品网上零售额占社会消费品零售总额的比重。该指标指实物商品网上零售额在社会消费品零售总额中所占的比例,反映新型消费模式的发展情况。

7. 网购替代率。该指标指在没有网络零售渠道的情况下,网购用户也会在线下实体店购买商品或服务的金额占其网购总额的比重,反映了线上消费对线下消费的替代情况。

五、转型升级

在转型升级一级指标下,主要围绕战略性新兴产业、新产品、新服务、高技术产品出口和绿色节能环保等方面,共设置6个二级指标。

1. 战略性新兴产业增加值占GDP比重。该指标指战略性新兴产业增加值在国内生产总值中所占的比例,反映战略性新兴产业的发展水平。

2. 高技术制造业增加值占规模以上工业增加值比重。该指标指高技术制造业实现的增加值占规模以上工业增加值的份额,反映了我国工业实力和制造业转型升级成效。

3. 农业产业化经营组织数量。该指标反映了我国农业产业化规模。

4. 通过电子商务交易平台销售商品或服务的“四上”企业占比。该指标指通过电子商务交易平台销售商品或服务的“四上”企业在所有“四上”企业中所占的比例,反映企业营销中电子商务的普及程度。

5. 高新技术产品出口额占出口总额的比重。该指标通过高新技术产品出口的变化情况,反映创新对产业国际竞争力的影响效果。

6. 清洁能源消费量占能源消费总量比重。该指标指天然气、水电、核电、风电等清洁能源消费量占能源消费总量比重,反映能源结构转型情况。

第二节　数据来源与测算方法

一、数据收集与指标体系

反映经济新动能统计指标体系中各项指标的数据来源主要包括三部分：一是统计局常规统计调查制度，如经济活动人口中硕士及以上学历人数比例、每万名就业人员R&D人员全时当量等指标；二是统计局制定的“三新”专项统计报表制度，如科技企业孵化器数量等指标；三是部门行政记录和调查数据，如移动互联网接入流量等指标。

我们在建立经济新动能发展指数指标体系时，既考虑到指标的系统性、综合性和衔接性，又考虑到直接指标与间接指标的配合使用，着力解决指标体系科学性和可获得性之间的矛盾。具体来讲，我们遵循了如下一些基本原则：

（一）科学性

从经济新动能的基本理论出发，选取能准确反映经济新发展的规律和发展水平指标，以准确反映经济新发展水平、发展状况和发展特点。

（二）完整性

选出的指标既能全面反映经济新发展的总水平，又能反映各个方面（各要素）的发展水平。

（三）综合性

精选出来的系列指标要具有概括性和综合性，能够用尽可能少而精确的指标来全面反映经济新发展水平。

（四）可操作性

在考虑具有科学性的基础上，不仅要使选取的指标能客观地反映发展进程，而且还要求所设指标能够获取较为准确的数据，使量化的评价与监测工作可以进行。

二、指数权重设计

本研究分类指数采用等权法进行赋权，二级指标采取专家打分法（即Delphi法）确定各项评价指标的权重。“经济新动能发展指数”指标体系如表6—1所示。

表 6—1 "经济新动能发展指数"指标体系

分类指数	权重	序号	指标名称	单位
知识能力指数	0.2	1	经济活动人口中硕士及以上学历人数比例	%
		2	"四上"企业从业人员中专业技术人员占比	%
		3	非信息部门信息人员比重	%
		4	每万名就业人员 R&D 人员全时当量	人年
经济活力指数	0.2	1	新设经营主体数量	万户
		2	科技企业孵化器数量	家
		3	国家级高新技术开发区企业单位数	个
		4	实际使用外资金额	亿美元
		5	快递业务量	亿件
		6	工业企业有研发活动企业占比	%
创新驱动指数	0.2	1	R&D 经费支出与 GDP 之比	%
		2	基础研究经费占研发支出比重	%
		3	企业 R&D 经费	亿元
		4	科技企业孵化器内累计毕业企业数	个
		5	每万名 R&D 人员专利授权数	件
		6	技术市场成交合同金额	亿元
网络经济指数	0.2	1	固定互联网宽带接入用户数	万户
		2	移动互联网用户数	万户
		3	移动互联网接入流量	亿 GB
		4	电子商务平台交易额	万亿元
		5	跨境电子商务交易额	万亿元
		6	实物商品网上零售额占社会消费品零售总额的比重	%
		7	网购替代率	%
转型升级指数	0.2	1	战略性新兴产业增加值占 GDP 比重	%
		2	高技术制造业增加值占规模以上工业增加值比重	%
		3	农业产业化经营组织数量	个
		4	通过电子商务交易平台销售商品或服务的"四上"企业占比	%
		5	高技术产品出口额占出口总额的比重	%
		6	清洁能源消费量占能源消费总量比重	%

三、指数计算方法

经济发展新动能指数是利用"三新"调查基础数据,采用线性加权的综合评价方法构建而成的复合指数,用来反映经济新动能发展的趋势和进程。为更好反映新动能的长期变化趋势,动态监测新动能的聚集过程,经济发展新动能指数测算方法为定基法,即以 2014 年为基期,指数值表示报告期与 2014 年相比经济发展新动能的变化趋势。具体步骤如下:

(一)基础指标的标准化

基础指标的标准化处理为:

$$z_i = \frac{x_i}{x_0} \times 100\%$$

其中,z_i 为 x_i 对应的指数,x_i 为报告期值,x_0 为基期值,本研究中指数选择的基期为 2014 年,即以 2014 年为 100 进行计算。

(二)分类指数的计算

经济发展新动能指数的分类指数计算公式为:

$$F_j = \sum_{i=m_j}^{n_j} w_i z_i \Big/ \sum_{i=m_j}^{n_j} w_i \times 100\%$$

其中,w_i 为 x_i 的权数,F_i 为第 j 个分类指数值,m_j 为第 j 个类别中第 1 个基础指标在整个指标体系中的序数,n_j 为第 j 个类别中最后 1 个基础指标在整个指标体系中的序数。

(三)经济发展新动能指数的计算

计算公式为:

$$NEI = \sum_{j=1}^{5} W_j F_j$$

其中,NEI 为经济发展新动能指数,W_j 为分类指数 F_j 的权数。

(四)分类指数对总指数增长贡献率的计算

$$\text{贡献率} = \frac{(\text{报告期分类指数值} - \text{上年分类指数值}) \times \text{该分类指数权重}}{\text{报告期总指数值} - \text{上年总指数值}} \times 100\%$$

第三节 2022 年我国经济发展新动能指数测算结果与分析

积极培育壮大经济发展新动能是优化产业结构、推动经济增长、提升发展质量的重要路径。测算结果显示[①],2022 年我国经济发展新动能指数为 766.8,比上年增长 28.4%,以新产业、新业态、新商业模式为主要内容的新动能持续集聚成长,经济活力不断释放,创新驱动深入推进,网络经济发展保持活跃,转型升级扎实有效,成为推动经济高质量发展的重要力量。

一、网络经济快速发展带动作用明显

网络强国和数字中国建设快速推进,网络基础设施优化升级,5G 网络、千兆光网等新型信息基础设施建设取得新进展,数据中心、云计算、大数据等新兴业务快速发展,物联网用户规模继续扩大,数字经济与实体经济融合持续深化,不断强化数字经济新优势。据测算,2022 年,网络经济指数达 2739.0,比上年增长 39.6%。从主要构成指标看,截至 2022 年底,移动互联网用户数、固定互联网宽带接入用户数分别达 14.6 亿户、5.9 亿户,分别比上年增长 3.0%、10.1%;当年移动互联网接入流量达 2617.6 亿 GB,比上年增长 18.1%。

数字化转型应用深入推进,新业态新模式助力线上线下消费有机融合,消费场景不断拓展,以直播电商为代表的新业态电商快速发展,拓展消费新渠道。生产领域电商交易规模持续扩大,大宗商品类平台通过优化供需匹配,助力企业扩展销售渠道,提升交易效率,加快企业服务线上化步伐。2022 年,我国电子商务市场规模再创新高,全国电子商务平台交易额 43.8 万亿元,按可比口径计算,比上年增长 3.5%;全国网上零售额 13.8 万亿元,按可比口径计算,比上年增长 4.0%,其中,实物商品网上零售额增长 6.2%,占社会消费品零售总额的比重为 27.2%,比上年提高 2.7 个百分点;全国网购替代率(线上消费对线下消费的替代比例)为 80.7%。跨境电商持续快速发展,截至 2022 年底,我国已设立 165 个电子商务综合试验区,基本形成陆海内外联动、东西双向互济的发展格局;2022 年我国跨境电子商务交易额实现 3.8 万亿元,比上年增长 74.3%。

二、科技创新引领新动能成长

深入实施创新驱动发展战略,完善新型举国体制,发挥国家战略科技力量作用,建设国家实验室体系,推进国际和区域科技创新中心建设,布局建设综合性国家科学中心、国家制造业创新中心,加大关键核心技术攻关力度,支持新型研发机构发展,突出企业创新主体地位,助推经济发展新动能不断成长。

---

① 2018—2021 年我国经济发展新动能指数测算结果与分析见附录一。

据测算，2022年，创新驱动指数为336.3，比上年增长15.5%。从主要构成指标看，全国研究与试验发展（R&D）经费投入达3.1万亿元，比上年增长10.4%，基础研究经费占研发支出比重稳定提升，企业研发经费持续增长。科技创新成果及应用不断加强，每万名R&D人员专利授权量达4453.7件，每万人口高价值发明专利拥有量达9.4件；技术市场成交合同额达47791亿元，比上年增长28.2%。

三、人才知识能力稳步提升

人才是第一资源，是实现民族振兴、赢得国际竞争主动的战略资源。加快建设国家战略人才力量，加强人力资源知识能力建设，激发人才创新创造潜力，有效强化新动能发展保障。据测算，2022年，知识能力指数为193.4，比上年增长5.9%。从主要构成指标看，每万名就业人员R&D人员全时当量为635.4人年，比上年增长11.2%；高学历、高技能人口比例连续多年保持增长趋势，经济活动人口中硕士及以上学历人口占比为1.33%，比上年提高0.04个百分点；"四上"企业从业人员中专业技术人员占比为16.00%，比上年提高0.36个百分点；非信息部门信息人员比重为2.12%，比上年提高0.14个百分点。

四、经济活力不断彰显

《中共中央 国务院关于加快建设全国统一大市场的意见》出台实施后，各地区各部门落实落细优化营商环境、促进个体工商户发展等条例，深入开展"互联网+政务服务"，更多政务服务实现网上可办、跨省通办，修订发布新版鼓励外商投资产业目录，各地创新方式加强外商投资促进服务，持续增强经济发展活力。据测算，2022年，经济活力指数为402.6，比上年增长3.5%。从主要构成指标看，利用外资保持增长，引资量质双双提升，2022年我国实际使用外资金额1891亿美元，增长8.0%；高技术产业实际使用外资金额683亿美元，增长30.9%。网络消费带动快递业务规模继续扩大，2022年，快递业务量达到1105.8亿件，增长2.1%。

五、转型升级扎实推进

产业基础再造工程、重大技术装备攻关工程、国家战略性新兴产业集群发展工程扎实推进，智能制造、绿色制造深入实施，重点行业转型升级加快推动，先进制造业和现代化服务业融合发展试点深入推进，制造服务业专业化服务能力加快提升，供给体系质量稳步提升，产业链供应链竞争力有效增强，新动能成长新空间不断拓展。据测算，2022 年，转型升级指数为 162.8，比上年增长 1.2%。从主要构成指标来看，2022 年，规模以上高技术制造业增加值比上年增长 7.4%，比规模以上工业增加值增速快 3.8 个百分点，占规模以上工业增加值的比重达 15.5%；通过电子商务交易平台销售商品和服务的“四上”企业占比为 10.3%；天然气、水电、核电、风电等清洁能源在能源消费总量中的占比为 25.9%，比上年提高 0.4 个百分点。

第七章

我国共享经济发展水平监测

随着互联网技术和平台经济的发展，共享经济将资源进行优化并充分利用，创新了消费模式，是经济发展的新业态新模式。深入发展共享经济已作为《“十四五”数字经济发展规划》中“加快培育新业态新模式”的重要内容，监管工作和标准化制定有序推进，因此，开展共享经济的研究工作具有前瞻性和现实意义。本研究一方面从宏观角度提出了反映共享经济的统计指标体系和共享经济发展指数的测算方法，另一方面从微观角度对共享经济平台企业进行了实地调研，为全面反映我国在发展共享经济、激发经济活力方面的进展和成效，提供量化依据与翔实的调研资料。

本章的贡献主要在于：一是在指标体系构建上，将共享经济作为我国经济发展新业态新模式的组成部分，参考国家统计局《新产业新业态新商业模式统计监测制度》和经济发展新动能的指标体系，从共享经济的发展基础、发展环境和发展成效三个方面建立共享经济发展指标体系，并进行定量测算和评价。二是在传统统计指标基础上纳入了大数据指标作为补充，完善共享经济监测体系。

第一节　共享经济发展评价指标体系

共享经济作为数字经济重要形态，其新业态新模式将迎来新的发展机遇，成为我国经济发展新动能的重要组成部分。本节通过深入探究当前我国数字经济和共享经济发展的新态势和内涵特征，从共享经济发展基础、发展环境和发展成效三个方面，归纳概括出共享经济发展的构成要素并据此构建指标体系。

一、指标体系设计

共享经济的发展基础是指互联网基础和创新活力。依托于互联网、物联网、大数据、云计算等新一代信息技术在各个领域广泛应用，共享经济新业态新模式得以持续推进发展。同时，创新已成为共享经济发展的推动力，高技能人才是发展保障，研发投入夯实发展根基，创新能力蕴含着共享经济发展的巨大潜力。

共享经济的发展环境是指全社会的技术成果和网络经济发展情况。市场空间激发发展活力，科技创新成果转化力度不断增强，网络经济的蓬勃发展，是促进共享经济的快速发展和健康成长的必要条件。

共享经济的发展成果是通过共享经济的用户规模、消费支出、行业发展等多方面指标，直接衡量共享经济的发展情况。同时，本研究利用关键词匹配，将共享经济百度搜索指数作为共享经济发展成效的大数据测量指标，以提高结果的完整性。

因此，反映共享经济发展水平的统计指标体系分为三个层次：第一层次是共享经济的发展基础、发展环境和发展成果；第二层次是共享经济的 6 个构成要素，通过互联网基础、创新投入、市场活力、网络经济体现共享经济的发展基础和发展环境，通过共享经济平台数据、大数据指数作为共享经济的直接发展成效；第三层次是在每个二级指标下设置若干个三级指标。

二、指标选取原则

根据科学性、全面性、可比性和数据可得性等指标体系构建原则，在具体选取指标时，主要考虑以下因素：

一是指标具有代表性，充分考虑共享经济的关键因素和核心问题，选取指标应能较好反映共享经济发展情况。

二是指标体系系统科学，指标体系的设计和研究目的相适应，构成指标间具有逻辑关系，能够充分反映共享经济特征，指标体系是一个有机统一的整体。

三是数据来源可靠，共享经济作为一种新兴发展模式，很多相关研究和指标尚在探索中，选用的指标定义及计算应非常清晰，数据来源应权威可靠，也正因此，共享经济指标体系的数据难点在于要获取同一统计口径的、历年的、全国（或省份）权威可靠数据。

四是指标具备可得性，分析的主要过程是进行量化评价，考虑到数据实际情况，即使有些指标和共享经济关系较为紧密，但没有明确的数据也无法使用。本研究最终选取了22个指标进入指标体系。

三、指标及数据来源

（一）共享经济发展基础

共享经济随着信息技术的广泛应用而新兴发展，共享经济作为经济发展的新业态，创新是共享经济发展的根本推动力。因此，共享经济发展基础由互联网基础设施发展情况和全社会创新投入构成。

围绕信息化及互联网发展情况，共设置4个指标。固定互联网宽带接入用户数、移动互联网用户数、4G以上用户总数反映了网络用户规模和网民普及程度，月户均移动互联网接入流量反映网络基础设施建设和移动互联网使用情况。数据来源于工业和信息化部。

创新投入主要体现在人才和经费投入上，共设置4个指标。经济活动人口中硕士及以上学历人数比例反映劳动者素质和受教育程度；"四上"企业从业人员中专业技术人员占比反映企业专业技术岗位人才情况，"四上"企业是指规模以上工业企业、资质等级建筑业企业、限额以上批零住餐企业、规模以上服务业企业；每万名就业人员R&D人员全时当量指每万名就业人员中R&D人员全时人员数和非全时人员折算为全时人员数的总和，反映研发人员的投入规模和强度；R&D经费支出与GDP之比指全社会R&D经费支出与国内生产总值的比率，反映全社会研发经费的投入强度。数据来源于国家统计局。

（二）共享经济发展环境

市场活力拓宽了共享经济发展空间，共享经济作为网络经济发展形态之一，与网络经济发展密不可分、相互推动。因此，共享经济发展环境由市场活力和网络经济构成。

市场活力共设置4个指标。新设经营主体数量指在工商部门中新登记的企业、个体工商户等各类市场经营主体数量，反映营商环境改善成效，体现在新技术带来的新业态和新商业模式下共享经济发展的市场基础，数据来源于国家市场监督管理总局；商标注册量反映市场的活跃度，每万名R&D人员专利授权数指按R&D人员全时当量平均的专利授权数量，反映研发人员的产出效率，两个指标数据均来源于国家知识产权局；技术市场成交合同额反映科技成果的市场转化成效，数据来源于科学技术部。

网络经济共设置 4 个指标。电子商务交易额是电子商务作为网络经济发展的重要内容，反映新业态发展水平；通过电子商务交易平台销售商品或服务的“四上”企业占比反映企业端的网络经济普及发展程度，两个指标均来源于国家统计局；网络支付用户规模、快递业务量反映网络消费的旺盛程度，数据分别来源于中国人民银行、国家邮政局。

（三）共享经济发展成效

根据国家统计局最新《新产业新业态新商业模式统计监测制度》，在共享经济监测方面，包括重点互联网出行、房屋共享、互联网餐饮、在线医疗和教育等平台监测。出于本研究的研究目的和数据完整性考虑，互联网出行、房屋共享、互联网餐饮等主要体现生活服务领域的共享经济直接发展成果，同时将共享经济百度搜索指数作为共享经济发展大数据指标，及时反映共享经济社会关注热度走势情况，补充共享经济发展成果测量，完善共享经济监测体系。

共享经济的直接发展成果共设置 6 个指标，一是共享经济用户规模，是网约车、共享住宿、外卖服务用户规模指标的总和，数据来源于中国互联网信息中心；二是人均共享型服务支出，将消费侧的网约车、共享住宿、外卖服务支出和用户规模相比进行测算，数据来源于国家信息中心和中国互联网信息中心；三是网约车客运量占出租车客运总量比重、共享住宿收入占全国住宿业客房收入的比重、在线外卖收入占全国餐饮业收入的比重 3 个指标，从行业发展角度监测共享经济发展成效，数据分别来源于交通运输部、国家信息中心和国家统计局；四是共享经济百度指数，定义为对共享经济各领域有代表性且数据序列完整的关键词趋势，关键词主要有：分享经济、共享经济、共享出行、共享住宿、共享知识、共享服务、滴滴、青桔、美团单车、外卖、途家、Airbnb 等，通过百度搜索关键词次数，并将其按年份汇总构建指标，数据来源于百度指数。

四、指标体系

最终设计的指标体系见表 7—1。

表 7—1　共享经济发展水平指标体系

一级指标	二级指标	三级指标	单位
发展基础	互联网基础	固定互联网宽带接入用户数	亿户
		移动互联网用户数	万户
		4G 以上用户总数	亿户
		月户均移动互联网接入流量	GB
	创新投入	经济活动人口中硕士及以上学历人数比例	%
		“四上”企业从业人员中专业技术人员占比	%
		每万名就业人员 R&D 人员全时当量	人年
		R&D 经费支出与 GDP 之比	%
发展环境	市场活力	新设经营主体数量	万户
		商标注册量	万件
		每万名 R&D 人员专利授权数	件
		技术市场成交合同金额	亿元
	网络经济	电子商务平台交易额	万亿元
		跨境电子商务交易额	万亿元
		通过电子商务交易平台销售商品或服务的“四上”企业占比	%
		网络支付用户规模	万人
		快递业务量	亿件
发展成果	共享经济平台发展	共享经济平台用户规模	万人
		人均共享型服务支出	%
		网约车客运量占出租车客运总量比重	%
		共享住宿收入占全国住宿业客房收入的比重	%
		在线外卖收入占全国餐饮业收入的比重	%
	大数据测量	共享经济百度指数	—

第二节　测算方法及权重设计

为提高指数结果的稳健性，分别采用三种方法进行指数的测算。其中，综合加权或增速加权的指标权重均采用主观赋权法;熵值法的三级指标权重为客观赋权法。

一、综合加权

为反映共享经济的长期变化趋势,共享经济发展指数以 2015 年为基期,指数值表示报告期与 2015 年相比共享经济发展新动能的变化趋势。具体步骤如下:

(一)基础指标的标准化

基础指标的标准化处理为:

$$z_i = \frac{x_i}{x_0} \times 100\%$$

其中,z_i 为 x_i 对应的指数,x_i 为报告期值,x_0 为基期值,本研究中指数选择的基期为 2015 年,即以 2015 年为 100 进行计算。

(二)分类指数的计算

共享经济发展指数的分类指数计算公式为:

$$F_j = \sum_{i=m_j}^{n_j} w_i z_i \Big/ \sum_{i=m_j}^{n_j} w_i \times 100\%$$

其中,w_i 为 x_i 的权数,F_j 为第 j 个分类指数值,m_j 为第 j 个类别中第 1 个基础指标在整个指标体系中的序数,n_j 为第 j 个类别中最后 1 个基础指标在整个指标体系中的序数。

(三)共享经济发展指数的计算

计算公式为:

$$I = \sum_{j=1}^{3} w_j E_j$$

其中,I 为共享经济发展指数,W_j 为分类指数 F_j 的权数。

二、增速加权

以基期年份指标值作为基准进行比较的方法,可能存在一定失真现象。例如,某些指标因政策出台、技术突破等原因在某些年份快速发展,导致指标值增速过高或过低,会成为影响整个指标体系最终测算结果的主要指标,严重掩盖其他指标的作用,造成结果失真。实践中,将指标体系中各指标增速的范围进行控制的方法之一是将指标增速的基准值设定为该指标的若干年平均值。本研究采用基准值为两年平均值,将各指标增速范围控制在[-200,200]。指标权重的确定与加权综合法一致。

（一）计算指标增速

各指标相邻年份的增长速度计算方法为：

$$S_{it}=\left[\frac{X_{it}-X_{it-1}}{(X_{it}+X_{it-1})/2}\right]\times 100$$

其中，i 为指标序号，t 为年份，$t\geqslant 2015$，X_{it} 为第 i 个指标 t 年的值，S_{it} 为第 i 个指标 t 年的增速。S_{it} 范围可以控制在[－200，200]，这是因为对于 $X_{it}>0$，当 $|S_{it}|=\left|\frac{X_{it}-X_{it-1}}{X_{it}+X_{it-1}}\right|\times 200$，且 $|X_{it}-X_{it-1}|\leqslant|X_{it}|+|X_{it-1}|$，则 $|S_{it}|\leqslant 200$。

（二）分类指数的计算

计算各分类所辖指标的加权增速：

$$E_{jt}=\sum_{i=m_j}^{n_j} w_i V_{it}$$

其中，w_i 为各指标的权数，E_{jt} 为第 t 年第 j 个分类指数值，m_j 为第 j 个类别中第 1 个基础指标在整个指标体系中的序数，n_j 为第 j 个类别中最后 1 个基础指标在整个指标体系中的序数。

计算定基累计发展各领域分指数：

$$F_{j(t+1)}=F_{jt}\times\left(\frac{200+E_{j(t+1)}}{200-E_{j(t+1)}}\right)$$

其中，t 为年份，$t\geqslant 2015$，$D_{2015}=100$。

（三）共享经济发展指数的计算

计算定基累计发展总指数：

$$I_{t+1}=\sum_{j=1}^{3} w_j F_{j(t+1)}$$

其中，t 为年份，w_j 为分类指数 F_j 的权数。

三、熵值法

不同于上述两种方法中使用主观赋权法确定权重，熵值法采用通过信息熵原理来确定权重，是客观赋权法中常用方法，能够客观准确地评价研究对象。

（一）基础指标的标准化

基础指标的标准化处理为：

$$x'_{it}=x_{it}/x_{max}$$

设有 T 个年份，i 为指标序号，x_{it} 为第 i 个指标第 t 年的值，x_{max} 为第 i

个指标最大值。由于本研究设计的指标体系基础指标均为正向指标，此处列出正向指标的标准化处理公式。

（二）确定指标占比

$$m_{it}=x'_{it}/\sum_{t}x'_{it}$$

指标占比 m_{it} 是指标准化后的指标值占所有年份指标值之和的比重。

（三）计算熵值

$$e_i=-k\sum_{t=2015}^{2015+(T-1)}m_{it}\ln m_{it}$$

e_i 为第 i 个指标的熵值，其中，$k>0$，$k=\ln T$。

（四）计算信息效用值

$$g_i=1-e_i$$

g_i 为第 i 个指标的信息效用值，也称为冗余度。

（五）计算各指标的权重

$$w_i=g_i/\sum_{i}g_i$$

w_i 为第 i 个指标的权重。

（六）计算各类别得分

$$E_{jt}=\sum_{i=m_j}^{n_j}w_i x'_{it}$$

（七）计算分类指数

为能够实现不同年份、不同方法之间的结果更加清晰可比，对各类别得分结果以 2015 年为基期 100 进行转换。得到分类指数：

$$E'_{jt}=E_{jt}/E_{j2015}\times 100$$

（八）共享经济发展指数的计算

$$I_t=\sum_{j=1}^{3}w_j E'_{jt}$$

四、权重结果

根据上述三种测算方法，确定的指标权重如表 7－2 所示。

表 7—2　共享经济发展水平指标体系权重

一级指标及权重	二级指标及权重	三级指标	单位	等权法	熵值法
发展基础（1/4）	互联网基础（1/2）	固定互联网宽带接入用户数	亿户	1/4	0.16
		移动互联网用户数	万户	1/4	0.21
		4G 以上用户总数	亿户	1/4	0.41
		月户均移动互联网接入流量	GB	1/4	0.22
	创新投入（1/2）	经济活动人口中硕士及以上学历人数比例	%	1/4	0.66
		“四上”企业从业人员中专业技术人员占比	%	1/4	0.03
		每万名就业人员 R&D 人员全时当量	人年	1/4	0.26
		R&D 经费支出与 GDP 之比	%	1/4	0.05
发展环境（1/4）	市场活力（1/2）	新登记注册市场主体数量	万户	1/4	0.12
		商标注册量	万件	1/4	0.51
		每万名 R&D 人员专利授权数	件	1/4	0.16
		技术市场成交合同金额	亿元	1/4	0.21
	网络经济（1/2）	电子商务平台交易额	万亿元	1/4	0.12
		通过电子商务交易平台销售商品或服务的“四上”企业占比	%	1/4	0.27
		网络支付用户规模	万人	1/4	0.19
		快递业务量	亿件	1/4	0.42
发展成效（1/2）	共享经济平台发展（3/4）	共享经济平台用户规模	万人	1/5	0.32
		人均共享型服务支出	元	1/5	0.15
		网约车客运量占出租车客运总量比重	%	1/5	0.28
		共享住宿收入占全国住宿业客房收入的比重	%	1/5	0.08
		在线外卖收入占全国餐饮业收入的比重	%	1/5	0.17
	大数据测量（1/4）	共享经济百度指数	—	1	1

第三节 共享经济发展指数测算结果比较

为了能够实现不同年份、不同方法之间的结果更加清晰可比，对综合加权、增速加权和熵值法三种方法的测算结果以 2015 年为基期 100 进行转换，指数结果及增速比较如表 7—3、图 7—1 所示。

表 7—3 2016—2022 年共享经济发展指数三种测算方法结果比较

测算方法	2016	2017	2018	2019	2020	2021	2022
综合加权	171.7	253.6	307.7	339.7	346.0	398.7	424.2
增速加权	161.2	228.8	255.2	261.7	245.4	263.9	275.4
熵值法	176.1	264.1	323.1	358.9	365.6	422.6	452.6

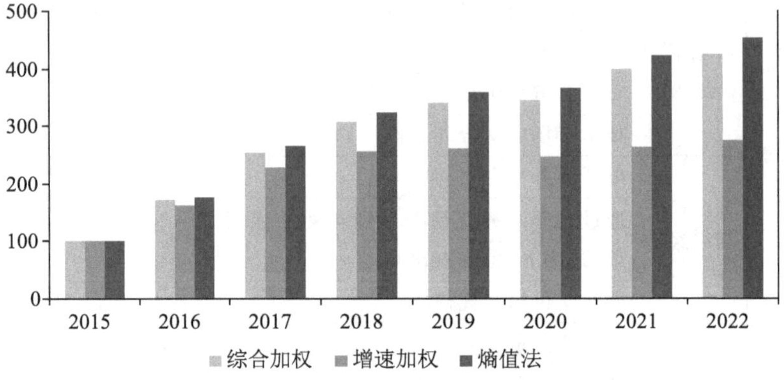

图 7—1 共享经济发展指数测算结果比较

从上述图表可以看出，虽然三种测算方法不同，但结果表现出几乎一致的发展走势。从指数值看，2015—2022 年期间，共享经济发展指数保持持续增长；从指数值的增速看，共享经济是一个由高速发展走向缓慢爬坡的过程，增速在 2020 年达到最低值，并在 2021 年以后有所上扬。总体看，综合加权和熵值法的结果一致性较高，尤其是增速的两条折线几乎重叠。

在三种方法测算趋势基本一致的情况下，如图 7—2 所示，与其他方法相比，熵值法的权重设计更为客观，受个别指标变动影响较小，结果也更为稳定。因此，采用熵值法测算结果作为本研究共享经济发展指数的最终结果，并进行下一步分析。综合加权和增速加权作为熵值法测算结果稳健性的辅助验证。

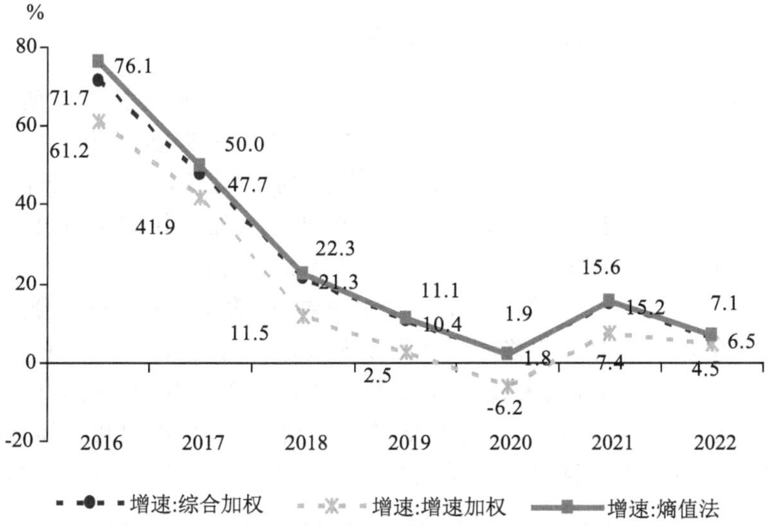

图 7—2　共享经济发展指数增速测算结果比较

第四节　共享经济发展水平分析

以 2015 年为基期，基于熵值法通过比较其他年份相对 2015 年的发展趋势，测算共享经济发展指数。

一、共享经济发展指数水平

2015—2022 年共享经济发展指数及分指数如图 7—3 所示。

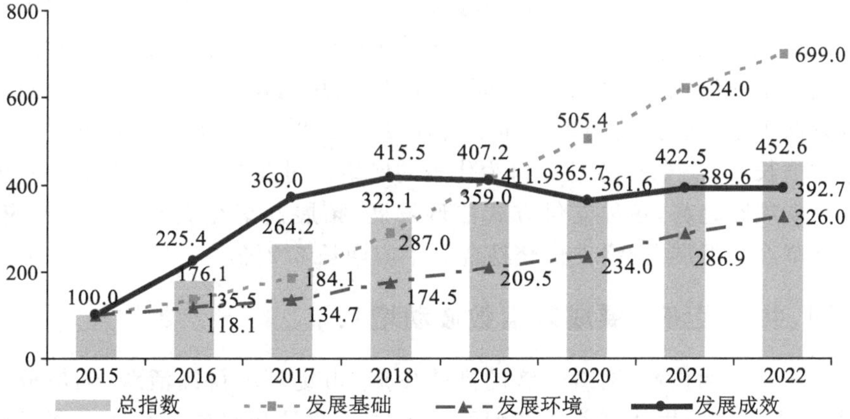

图 7—3　2015—2022 年共享经济发展指数及分指数

二、共享经济发展基础指数高速增长

随着我国数字经济发展逐步向深化应用、规范发展、普惠共享阶段迈进，全社会创新投入持续加大，共享经济发展基础不断夯实。从测算结果看，2015—2022年共享经济发展基础指数保持高速增长，年平均增长率达到32.0%，在三个分类指数中增长最快。新型基础设施是共享经济快速发展的关键支撑，随着5G网络和千兆光网建设力度加大，新型技术设施建设取得成效，2015—2022年固定互联网宽带接入用户数、移动互联网用户数分别年均增长10.9%和5.3%，月户均移动互联网接入流量年均增长66.3%，信息通信服务能力明显提升，互联网、大数据、人工智能等产业不断壮大，保障共享经济持续稳定发展。科技创新投入助力共享经济持续推进，企业创新主体地位不断增强，推动共享经济持续发展。从人员和经费投入看，我国高学历、高技能人口比例不断提高，与基期（2015年）相比，2022年经济活动人口中硕士及以上学历人数比例、“四上”企业从业人员中专业技术人员占比分别提高0.73个百分点和2.35个百分点，研发投入持续增加，R&D经费支出与GDP之比提高0.48个百分点。

三、共享经济发展环境指数稳步提高

随着营商环境不断优化，市场活力持续提升，科技创新成果转化力度加大，网络经济蓬勃发展，共享经济发展环境不断提升，发展空间进一步扩大。从测算结果看，2015—2022年共享经济发展环境指数年平均增长率为18.4%。市场环境是共享经济发展的重要保障，我国新增市场主体保持良好增长态势，活力有效激发，科技创新成果转化加速推动，技术交易市场活跃，2022年每万名R&D人员专利授权数是基期（2015年）的1.8倍，技术市场成交合同金额年均增长21.0%。网络经济是共享经济深化发展的推动力，新型消费模式不断涌现，持续推动共享经济应用尤其是互联网出行、房屋共享、互联网餐饮等生活服务类场景更加丰富，2015—2022年我国电子商务平台交易额年均增长9.9%。以移动支付为代表的网络支付业务发展迅速，数字货币催动支付发展新趋势，各种支付方式协调发展，拓展共享经济场景消费新应用，赋能共享经济发展，网络支付交易金额年均增长2.2%。

四、共享经济发展成效指数波动增长

随着互联网技术、网络经济的高速发展，市场环境持续活跃，创新成果不断涌现，大量传统生活服务消费型企业将线下商品和服务进行线上展示和销售，联通整合线上线下销售渠道和用户资源，进行数字化转型运营，带动外卖送餐、网约车、互联网家政服务、数字文娱等生活服务类共享经济发展。2015—2022年，受资本、政策、疫情等多种复杂因素叠加影响，不同领域共享经济发展的不平衡性凸显，外卖、网约车、共享医疗等生活服务领域共享发展较快，共享办公、共享住宿等领域则发展缓慢，关于共享经济的关注度和舆论热度迅速下降，共享经济发展成效指数呈现波动增长态势，得益于2015—2018年的急速增长，2015—2022年年平均增长率为21.6%。

（一）共享经济平台发展呈现总体增长

2015—2022年，以餐饮外卖、网约车、共享住宿为代表的生活服务类平台共享指数从高速发展阶段很快进入缓慢平稳发展，尤其是2020年，网约车、共享住宿和外卖服务用户规模分别下降16.1%、15.9%、7.2%；网民普及率分别下降11.2、2.3和8.1个百分点；网约车的客运量占比和人均消费支出占比、共享住宿收入占比和人均消费支出占比等指标均呈现不同程度下降。2020年生活服务类共享经济平台指数比上年下降4.6%。

2021年生活服务类共享经济平台指数恢复增长，服务业电商创新发展势头较为强劲，生活服务类消费持续恢复，在线餐饮整体增速加快，销售额同比增长30.1%，增速比上年大幅提高27.9个百分点；在线外卖收入占全国餐饮业收入的比重增加4.5个百分点，人均外卖餐饮支出占消费支出比重比上年增加4.4个百分点。在线文娱市场快速恢复，在线文娱场次数同比增长1.2倍。餐饮外卖、网约车、共享住宿的用户规模较上年均有不同程度的提高。2022年生活服务类共享经济平台指数在2021年基础上稳步增长，尤其是共享经济平台用户规模比上年增长18.4%，其中，外卖服务网民普及率比上年提高17.8个百分点。

根据指数测算情况，当前我国共享经济平台恢复发展且增速平稳，为更全面了解共享经济发展及企业实际经营情况，笔者于2023年5月赴上海市实地走访共享经济平台企业进行调研。上海市近年来共享经济平台发展迅速，尤其在内容共享、在线外卖、共享住宿和产业电商等领域均有龙头企业，2022年全市平台企业实现交易额较上年同期增长0.5%，其中，千亿级平台合计实现交易额增长1.1%。2023年以来，伴随国内消费恢复，上海市共享经济平台通过加大补贴、扩充品类、升级服务、充分保护消费者权益等一系列举措，进一步推动消费市场活力释放，2023年前4个月，部分共享经济平台营收增速超过50%，以“种草—交易”为商业闭环的某平台为例，平台活跃商家和活跃用户数呈现指数级上涨，企业营收中来自广告的收入大幅增长。

从调研共享经济平台的业务发展方向看，平台企业正在向产业互联网转型，主要体现在生活服务领域平台向综合性数字服务平台的转型、产业电商平台向全供应链数字化转型两个方面。例如，外卖平台与传统菜场融合创新，共同开展智慧菜场创建，完善智能设施，数字化赋能菜场管理；电商平台与新老品牌企业深层次合作，赋能品牌营销、产品研发，带动品牌订单量增长；钢铁电商迈向钢铁全产业链数字化转型，为钢铁行业提供交易、物流、仓储加工、供应链金融等全产业链服务，提供低成本、专业型、智慧型的轻量化企业管理系统，构建了钢铁产业协同管理创新新生态。

（二）共享经济大数据指数先升后降

2015—2022 年，共享经济大数据指数经过 2016 年和 2017 年的高速增长后逐年下跌，2022 年指数为 105.6，几乎下降至基期 2015 年的水平。从 2015 年至今的发展历程看，共享经济发展迅速，一度呈现如火如荼之势，共享概念成为市场热点，共享经济不仅带来了生产生活的便利性，也在助推经济发展和就业等方面取得了不少成绩，但是，过快的扩张和无序也暴露了其创新不足、同质化竞争严重、发展不够规范化等问题。大数据指数的高速增长后逐年下跌，也充分显示了共享经济这个概念从热门到趋向平稳的过程。

结合调研结果，当前共享经济平台企业发展面临的挑战主要有：一是企业经营存在一定困难，本次调研的共享经济平台企业技术人员占比均高达 70% 左右，不同行业和企业间人才竞争激烈，用人成本不断上升，员工流动性大。二是市场运行总体向好，但无序竞争现象仍然存在，部分企业通过低价营销抢占市场，或以更加隐蔽的非市场手段来维持自身的竞争优势，如恶意举报、二选一等。三是企业拓展国际市场受挫，一些国家以供应链合规、数据安全、利用贸易漏洞等理由阻碍我国平台企业拓展市场，企业海外融资渠道受阻。

2022 年 10 月，共享经济行业领域首个国家标准《共享经济 指导原则与基本框架》(标准号为 GB/T 41836-2022)正式发布，伴随着共享经济的发展从快速走向稳定，共享经济也从被过度追捧逐渐到理性看待，同时在制度和标准的引导下，共享经济通过初期的积累，逐步以行业的高质量发展为方向，在企业自律、运营规范等方面越来越成熟。

第五节 结论与建议

本研究从共享经济发展基础、发展环境和发展成效三个方面，共计 22 个指标构建共享经济发展评价指标体系，运用三种不同的权重设计方法测算共享经济发展指数，并结合实地调研，对 2015—2022 年我国共享经济的发展情况进行了系统研究。指数测算的结果表明,不同测算方结果表现出较为一致的发展走势,这也验证了指标体系设计的稳健性。总体来看,2015—2022年共享经济指数保持增长态势,但增势趋缓。从分指数来看,得益于我国近年来互联网技术高速发展,创新投入不断加大,市场活力持续增强,网络经济发展活跃,共享经济的发展基础不断夯实,发展环境逐年优化,发展成效持续显现。

研究也发现,目前我国共享经济的发展也存在一些突出的问题,具体表现在共享经济企业经营困难、市场运行秩序仍不够有序和规范、平台企业国际市场拓展受挫等方面。

基于上述研究结论,为促进共享经济持续发展,进一步激发共享经济平台潜力,本研究提出以下政策建议:

一是对不同类型的共享经济平台企业提供个性化政策支持。由于各领域共享经济平台的发展呈现不均衡状态,例如,外卖平台用户规模和收入占比均保持快速发展,产业电商平台发展迅速,但共享住宿、共享办公等领域呈现下降态势,因此,对于发展良好并拓展国际市场的企业,提供境外风险警示、合规的专业帮扶和金融便利等;对于受多种复杂因素影响较大的共享经济平台企业给予税收减免、政策补助等措施。

二是加强区块链、云计算、人工智能等新技术在共享经济平台领域的应用。互联网设施、创新投入是共享经济发展的基础保障,以区块链技术为例,基于技术的信任体系重构传统的平台信任构建模式,去中心化、降低成本和信任风险的特点让区块链技术可以实现共享资源的去中心化管理和交易,提高共享经济平台用户资金安全和交易信任度。

三是加强监管创新。在常态化监管方面应强调监管及政策的延续性和有效性,划清红线、底线,落实全过程监管,为共享经济平台发展营造良好的市场环境,保障共享经济平台健康稳步发展。

从完善共享经济研究工作来看,一是需要进一步从全面识别统计对象、改进统计指标设计、加强常规统计调查制度方法与新经济形态的契合性这三个方面,不断优化共享经济统计指标体系的构建与监测,这是一个长期的、系统性的工作;二是考虑当前共享经济基础数据可获得性和时效性,应进一步加强大数据指标的补充作用,纳入更多领域的可信大数据指标,持续完善共享经济统计指标体系;三是强化共享经济的调查研究,通过统计监测观察研究宏观的、长期性趋势,通过调查研究深入了解当前现状,找到解决现实问题的具体政策,将统计监测与调查研究充分结合,为了解我国共享经济发展情况、提出对策建议提供全面信息。

第八章

共享经济市场效率测度研究

效率提升是共享经济高质量发展的表现之一。从近年来的发展历程看,共享经济曾一度成为热点,不仅带来生产生活的便利性,也在助力经济发展和就业等方面取得一定成绩,但是,过快的扩张也暴露了共享经济企业在发展过程中存在的创新不足、管理不规范等问题。在此背景下,从微观角度出发,考察共享经济企业效率高低状况及其主要影响因素,对改善共享经济企业经营,提升政府决策和监管效能,具有重要理论和现实意义。

当前已有文献对共享经济企业层面的研究主要是资源配置、产品定价与收益、效率等方面,张超利(2020)以共享乘车为例,构建动态博弈模型及定价成本分配机制,研究共享经济的整体效益最大化问题。张红彬(2021)从社交网络、平台补贴以及生产要素配置等方面研究了共享经济的网络效应、生产要素配置及治理。龚雪玲(2021)构建基于矩约束的共享资源供需匹配效率模型,对需求分布不确定下的共享平台供需匹配效率进行研究。丁胜红等(2022)通过拉格朗日—柯西定理求解共享经济平台化企业人本资本,并验证人本资本共享价值最优匹配比与平台化企业共享经济发展水平呈正相关。陈俊龙(2023)利用效率模型及 Tobit 模型测算了我国共享制造行业上市企业的高质量发展效率及影响因素。总体来说,在共享经济快速发展的过程中,对共享经济企业发展质量和效率这一重要问题的研究相对较少,这种状况不利于我们准确认识和了解行业发展状况和存在的问题。鉴于此,本研究利用三阶段 DEA 模型和 Malmquist 指数测算了 2018—2022 年我国共享经济上市企业效率值,并从企业规模、投入、收益和政府补贴等方面全面分析共享企业效率影响因素，为准确把握行业发展情况和政策制定提供参考。

本章的主要贡献是基于企业效率视角，从静态和动态两个方面全面测算了共享经济企业效率，并对其影响因素进行分析。

第一节　模型原理

数据包络分析(Data Envelopment Analysis，DEA)方法用于反映企业行为的相对有效性，是一种评价多投入多产出决策单元相对效率的方法。采用三阶段 DEA 方法评估我国共享经济上市公司的发展效率，其中，第一阶段用传统 DEA 方法计算出效率值，第二阶段利用 SFA(随机前沿分析)模型分离管理无效率项，剔除环境影响和统计噪声，第三阶段对调整后的变量再次进行 DEA 效率值计算。将第一阶段和第三阶段的效率值进行对比分析，可以找出相关企业发展方面的差异；由于三阶段 DEA 模型用于评估各决策单元的静态效率，无法衡量效率变化程度，因此进一步采用 Malmquist 指数进行计算，构建三阶段 DEA-Malmquist 指数模型，从效率角度和时间维度对我国共享经济发展情况进行全面分析，并进一步通过 Tobit 模型研究影响我国共享经济上市公司的发展效率各项因素，特别是技术投入、资本、劳动对共享经济市场效率的协同与替代关系。

一、传统 DEA 模型(第一阶段)

DEA 方法是一种传统的数据分析方法，1978 年由著名运筹学家 A. Charnes(查恩斯)、W. W. Cooper(库伯)及 E. Rhodes(罗兹)首先提出，它是利用数学线性规划评价部门间多个投入和产出的相对有效性。

第一阶段使用原始投入产出数据进行初始效率评价。DEA 模型分为投入导向和产出导向，根据具体分析目的可选择不同的导向。在模型的应用上主要有 CCR(规模报酬不变)模型和 BBC(规模报酬可变)模型。投入导向下对偶形式的 BCC 模型可表示为：

$$\min\theta-\varepsilon(\hat{e}^{T}S^{-}+e^{T}S^{+})$$

$$s.t.\begin{cases}\sum_{j=1}^{n}X_{j}\lambda_{j}+S^{-}=\theta X_{0}\\ \sum_{j=1}^{n}Y_{j}\lambda_{j}-S^{+}=Y_{0}\\ \lambda_{j}\geqslant 0,S^{-},S^{+}\geqslant 0\end{cases}$$

其中，$j=1,2,\cdots,n$ 表示决策单元，X 和 Y 分别表示投入和产出向量。

BCC 模型将技术效率分解为规模效率和纯技术效率，即技术效率(TE)=规模效率(SE)×纯技术效率(PTE)。因此，BCC 模型就把造成技术无效率的两个原因分离开，更准确地反映研究对象的经营管理效率水平。目前大多数采用三阶段 DEA 模型的文献都选择投入导向的 BCC 模型。

Fried 等(2002)等文献认为，决策单元的绩效受到管理无效率(Managerial Inefficiencies)、环境因素(Environmental Effects)和统计噪声(Statistical Noise)的影响，因此有必要分离这三种影响。第一阶段应用 DEA 模型得出效率值的同时还可得到最佳效率下的最优投入(或产出)值，将实际投入(或产出)与最优投入(或产出)值之间的距离或差额值定义为"松弛变量"，它由管理无效率、环境因素和统计噪声构成，反映了初始的低效率。

因此第一阶段需要完成两方面的计算：一是初始 DEA 效率值，主要用于与第三阶段效率值进行对比分析；二是投入的松弛变量值，作为第二阶段回归模型的因变量。

二、SFA 回归(第二阶段)

第二阶段的主要目标是借助 SFA 模型对松弛变量和环境变量进行回归分析，将第一阶段的松弛变量分解成管理无效率、环境因素和统计噪声这三种效应，并得到调整后的投入变量值。

(一)构造 SFA 回归函数(以投入导向为例)

松弛值的表达式如下：

$$S_{ni}=f(Z_i;\beta_n)+\nu_{ni}+\mu_{ni},i=1,2,\cdots,I;n=1,2,\cdots,N \tag{1}$$

其中，S_{ni} 是第 i 个决策单元第 n 项投入的松弛值；Z_i 是环境变量，β_n 是环境变量的系数；$\nu_{ni}+\mu_{ni}$ 是混合误差项，ν_{ni} 表示随机干扰，μ_{ni} 表示管理无效率。其中 $\nu\sim N(0,\sigma_v^2)$ 是随机误差项，表示随机干扰因素对投入松弛变量的影响；μ 是管理无效率，表示管理因素对投入松弛变量的影响，假设其服从在零点截断的正态分布，即 $\mu\sim N^+(0,\sigma_\mu^2)$。

使用 SFA 模型的前提是无效率项 μ_i 存在，使用的原假设和备择假设为"$H_0:\sigma_\mu^2=0$ vs $H_1:\sigma_\mu^2>0$"，利用单边广义似然比检验来判断模型是否可以通过检验。

需要注意的是，有 n 个投入变量则需要做 n 次 SFA 回归。

(二)计算随机误差项 ν

第一步，分离管理无效率项，分离公式如下：

$$E(\mu|\varepsilon)=\sigma_*\left[\frac{\varphi\left(\lambda\frac{\varepsilon}{\sigma}\right)}{\Phi\left(\frac{\lambda\varepsilon}{\sigma}\right)}+\frac{\lambda\varepsilon}{\sigma}\right] \tag{2}$$

其中，$\sigma_*=\frac{\sigma_\mu\sigma_\nu}{\sigma}$，$\sigma=\sqrt{\sigma_\mu{}^2+\sigma_\nu{}^2}$，$\lambda=\sigma_\mu/\sigma_\nu$。

第二步，计算随机误差项 μ，计算公式如下：

$$E(v_{ni}\mid v_{ni}+\mu_{ni})=s_{ni}-f(z_i;\beta_n)-E(u_{ni}\mid v_{ni}+\mu_{ni}) \tag{3}$$

（三）调整投入变量

SFA 回归的目的是剔除环境因素和随机因素对效率测度的影响，以便将所有决策单元调整于相同的外部环境中。调整公式如下：

$$\begin{aligned}X_{ni}^A=X_{ni}&+[\max(f(Z_i;\hat{\beta}_n))-f(Z_i;\hat{\beta}_n)]\\&+[\max(\nu_{ni})-\nu_{ni}],\ i=1,2,\cdots,I;n=1,2,\cdots,N\end{aligned} \tag{4}$$

其中，X_{ni}^A 是调整后的投入，X_{ni} 是调整前的投入，$\max(f(Z_i;\hat{\beta}_n))-f(Z_i;\hat{\beta}_n)$ 是对外部环境因素进行调整，$\max(\nu_{ni})-\nu_{ni}$ 是将所有决策单元置于相同的概率水平之下。

三、调整变量后的 DEA 模型（第三阶段）

调整后的投入产出变量剔除了环境和随机因素的影响，此时再次测算各决策单元的效率，得到的效率值更能明确真实地反映出管理效率的情况。

四、Malmquist 指数

Caves 等（1982）根据 Farrell（1957）测度效率的方法，在距离函数的基础上构造了一个生产率指数模型，并以瑞典统计学家 Malmquist 的名字命名，即 Malmquist 生产率指数模型。

假设 x 和 y 分别为投入和产出向量，s 时期和 t 时期的距离函数分别为 $D_s(x_s,y_s)$ 和 $D_t(x_t,y_t)$，则从 s 时期到 t 时期 Malmquist 生产率指数可定义为：

$$M(s,t)=\left[\frac{D_s(x_t,y_t)}{D_s(x_s,y_s)}\times\frac{D_t(x_t,y_t)}{D_t(x_s,y_s)}\right]^{\frac{1}{2}}$$

该模型可进一步分解为：

$$M(s,t)=\frac{D_t(x_t,y_t)}{D_s(x_s,y_s)}\times\left[\frac{D_s(x_t,y_t)}{D_t(x_t,y_t)}\times\frac{D_s(x_s,y_s)}{D_t(x_s,y_s)}\right]^{\frac{1}{2}}$$

其中，$\left[\frac{D_s(x_t,y_t)}{D_t(x_t,y_t)} \times \frac{D_s(x_s,y_s)}{D_t(x_s,y_s)}\right]^{\frac{1}{2}}$ 为从 s 时期到 t 时期的技术进步，用 TECH 表示；$\frac{D_t(x_t,y_t)}{D_s(x_s,y_s)}$ 为从 s 时期到 t 时期的效率变动，用 EFFCH 表示。则 Malmquist 生产率指数可表示为：

$$M(s,t) = \text{TECH} \times \text{EFFCH}$$

TECH 表示由技术进步推动的经济增长；EFFCH 表示由生产者内部效率变化引起的经济增长，其可以进一步分解为规模效率变动 SECH 和纯技术效率变动 PECH，且有：

$$\text{EFFCH} = \text{SECH} \times \text{PECH}$$

Malmquist 生产率指数模型作为一个整体效率模型，只需要投入和产出数据，不考虑价格问题，应用比较方便。但由于构造其的距离函数 $D(x,y)$ 不考虑方向问题，只能测度投入和产出的正向增长效率，无法评价决策单元减少负产出时的情形，因此实践中也存在一定的局限性。

五、Tobit 模型

由于效率值取值区间为 0 到 1 之间，为进一步分析影响我国共享经济上市公司的发展效率各项因素，采用 Tobit 模型进行估计。以共享经济综合效率为因变量，以研发投入、资本等为自变量，构建如下函数关系：

$$T_{it} = \alpha_{it} + \beta_1 \ln As_{it} + \beta_2 \ln Em_{it} + \beta_3 \ln Rd_{it} + \beta_4 \ln In_{it} + \beta_5 \ln Re_{it} + \beta_6 x_{it}$$

其中，$\beta_j(j=1,2,\cdots,6)$ 为回归系数，t 表示时间。

第二节　变量选择和数据来源

以上海和深圳证券交易所的共享经济上市企业为研究对象，根据国家信息中心《中国共享经济发展报告(2023)》中涉及的企业名单、券商共享经济概念股相关报告、交易所信息等，整理共享经济企业名单共 36 个。剔除退市风险警示的 ST 企业，同时根据数据完整性情况最终筛选 28 个企业，研究年限为 2018—2022 年。表 8－1 为筛选的共享经济企业示例。

表 8－1 共享经济企业示例

股票代码	名称	关联性
300098	高新兴	为共享单车提供无线通信模块产品
603776	永安行	共享自行车、共享汽车、网约车
600818	中路股份	开展公共自行车租赁业务
300317	珈伟新能	光伏类产品主要为共享单车提供能源供给的太阳能电池组件
300014	亿纬锂能	提供智能锁电源解决方案
600754	锦江股份	共享住宿
002105	信隆健康	共享医疗

根据经济增长的传统要素投入理论，资本、劳动等是推动经济增长的基本生产要素，也是企业生产发展的必要资源，而共享经济作为数字经济重要组成部分，依托于互联网、物联网、大数据、云计算等新一代信息技术在各个领域广泛应用，创新是重要推动力，蕴含着共享经济发展的巨大潜力，同时，提高经济社会发展的质量和效益是当前我国高质量发展的核心。因此，本研究从企业要素投入产出的经营情况、技术创新能力和企业发展质量三个方面选取效率模型变量。

1. 企业经营。共享经济企业发展进程中，在扩大自身企业规模、拓展企业市场的同时，也在带动灵活就业方面发挥着积极作用，因此，采用资产总额、企业全年平均从业人数反映共享经济企业的资产、人员投入情况，将营业收入、利润总额作为输出变量，反映共享经济企业的经济效益。

2. 创新能力。共享经济新业态新模式得以持续推进发展，创新能力是发展保障，研发投入夯实发展根基，因此，采用研发费用和专利数量表示共享经济企业的创新投入和技术成果。

3. 发展质量。作为上市企业，评级得分是评估企业经营的可持续性和社会贡献的参考，纳入共享经济企业评级得分可反映企业的效益质量。

另外，环境变量主要考虑从内部与外部两个因素出发，选取上市年限、税收返还减免指标分别反映企业自身发展状况与政府支持力度。上市年限反映企业的成长速度和发展阶段，体现了企业的成熟度。税收返还减免指标是上市企业收到返还的各种税费，反映了政府政策支持力度和营商环境优化改善程度。

由此，最终设定输出变量为营业收入、利润总额、专利数量、评级得分，表示共享经济企业的经济效益、质量以及创新水平；输入变量为资产总额、全年平均从业人数、研发费用，用来反映共享经济企业的资产、人员和技术的投入情况；环境变量则选取上市年限、税收返还减免。数据来源为 Wind 数据库，上市年限为根据企业上市年份自行测算。见表 8－2。

表 8－2　共享经济企业效率变量设计

变量类型	变量	单位
产出	营业收入	百万元
	利润总额	百万元
	专利数量	个
	评级得分	分
投入	资产总额	百万元
	全年平均从业人数	人
	研发费用	百万元
环境变量	上市年限	年
	税收返还减免	百万元

第三节　模型应用及结果

一、初始 DEA 效率分析

第一阶段利用投入导向的 BCC 模型对产出水平和投入变量数据进行 DEA 分析，得到初始效率值。按照 DEA 方法的定义，技术效率 TE＝1 且纯技术效率 PTE＝1 时是相对有效的。如果 TE＜1，但是 PTE 等于或接近于 1，则无效率来源于规模无效率，即现有水平下存在规模不合理，投入与产出不成正比。如果 TE＜1，但是 SE 等于或接近于 1，则无效率来源于纯技术无效率，即现有水平下已处于最佳规模，但存在经营管理的技术低效率。使用的软件为 DEAP2.1。

从表 8－3 初始的 DEA 效率值可知，2018—2022 年共享经济企业的综合技术效率（TE）平均值分别为 0.648、0.649、0.736、0.688 和 0.712，呈现先上升后下降的态势，各年均未达到生产前沿，反映了共享经济企业整体效率不高，资源配置和协调能力不足，企业投入的资源尚未得到充分利用。2018—2022 年共享经济企业的平均纯技术效率（PTE）是 0.7 左右，企业管理水平和技术产出能力有待提升，各年规模效率（SE）平均值为 0.9 左右，企业实际生产规模未体现合理的生产效率，与最优生产规模还存在一定差距，规模效率还需提升。

表 8—3　投入导向的 CCR 模型分析结果

企业	2018			2019			2020			2021			2022		
	TE	PTE	SE	TE	PTE	SE	TE	PTE	SE	TE	PTE	SE	TE	PTE	SE
1	0.867	0.886	0.979	0.793	0.831	0.954	0.938	0.938	1.000	0.991	1.000	0.991	0.848	0.886	0.958
2	0.639	0.674	0.948	0.656	0.670	0.979	0.705	0.768	0.918	0.661	0.697	0.947	0.540	0.600	0.900
3	0.657	0.710	0.926	0.566	0.629	0.900	0.637	0.686	0.930	0.727	0.786	0.924	0.593	0.627	0.945
4	0.608	0.639	0.952	0.548	0.615	0.892	0.677	0.704	0.961	0.536	0.557	0.963	0.908	0.961	0.945
5	0.555	0.600	0.924	0.728	0.738	0.986	0.744	0.788	0.944	0.658	0.696	0.945	0.627	0.672	0.933
6	0.587	0.652	0.900	0.702	0.756	0.929	0.730	0.749	0.975	0.300	0.323	0.929	0.617	0.724	0.852
7	0.762	0.773	0.985	0.638	0.653	0.977	0.647	0.696	0.929	0.628	0.667	0.941	0.587	0.722	0.813
8	1.000	1.000	1.000	1.000	1.000	1.000	1.000	1.000	1.000	1.000	1.000	1.000	1.000	1.000	1.000
9	0.666	0.679	0.981	0.549	0.644	0.852	0.741	0.741	1.000	0.423	0.467	0.906	0.607	0.663	0.916
10	0.767	0.786	0.976	0.727	0.785	0.926	0.730	0.810	0.901	0.795	0.795	1.000	0.795	0.795	1.000
11	0.619	0.638	0.970	0.712	0.779	0.914	0.725	0.806	0.900	0.751	0.792	0.948	0.736	0.792	0.929
12	1.000	1.000	1.000	1.000	1.000	1.000	1.000	1.000	1.000	1.000	1.000	1.000	1.000	1.000	1.000
13	1.000	1.000	1.000	1.000	1.000	1.000	1.000	1.000	1.000	1.000	1.000	1.000	1.000	1.000	1.000
14	0.378	0.468	0.807	0.826	0.877	0.942	0.683	0.740	0.923	0.429	0.454	0.946	0.815	0.823	0.991
15	0.551	0.762	0.723	0.693	0.833	0.832	0.712	0.840	0.848	0.618	0.677	0.913	0.807	0.571	0.821
16	0.672	0.683	0.984	0.593	0.634	0.935	0.731	0.732	0.999	0.709	0.792	0.896	0.745	0.422	0.906
17	0.728	0.728	1.000	0.667	0.731	0.912	0.828	0.828	1.000	0.739	0.881	0.839	0.621	0.763	0.958
18	0.589	0.611	0.963	0.508	0.624	0.814	0.810	0.844	0.960	0.749	0.778	0.963	0.807	0.698	0.887
19	0.372	0.496	0.750	0.282	0.718	0.393	0.651	0.796	0.818	0.696	0.719	0.968	0.620	0.666	0.930
20	0.291	0.351	0.831	0.787	0.809	0.973	0.720	0.737	0.977	0.567	0.642	0.882	0.584	0.712	0.820
21	1.000	1.000	1.000	1.000	1.000	1.000	1.000	1.000	1.000	1.000	1.000	1.000	1.000	1.000	1.000
22	0.329	0.352	0.933	0.691	0.694	0.996	0.647	0.763	0.849	0.733	0.869	0.843	0.760	0.831	0.914
23	0.486	0.613	0.793	0.511	0.577	0.886	0.703	0.732	0.961	0.762	0.871	0.875	0.509	0.586	0.867
24	0.518	0.574	0.901	0.309	0.359	0.861	0.431	0.508	0.849	0.500	0.592	0.846	0.689	0.741	0.930
25	0.670	0.680	0.984	0.176	0.545	0.323	0.631	0.676	0.933	0.636	0.736	0.865	0.653	0.786	0.831
26	0.666	0.759	0.878	0.517	0.518	0.998	0.428	0.578	0.741	0.599	0.618	0.970	0.344	0.377	0.914
27	0.697	0.718	0.972	0.553	0.669	0.827	0.646	0.713	0.906	0.497	0.571	0.871	0.610	0.703	0.867
28	0.465	0.588	0.791	0.447	0.490	0.912	0.714	0.733	0.975	0.556	0.574	0.970	0.500	0.530	0.944
均值	0.648	0.694	0.923	0.649	0.721	0.890	0.736	0.782	0.936	0.688	0.734	0.934	0.712	0.738	0.920

同时，此阶段计算出固定资产、人员、研发三项投入指标的松弛变量，它是原始值和投入目标值之差。松弛值受管理无效率、环境因素、随机干扰三方面影响，而接下来第二阶段用 SFA（随机前沿法）把投入松弛变量里面的环境因素和随机干扰剔除。

二、松弛变量与环境变量的 SFA 模型

以第一阶段求出的各投入指标的松弛变量为因变量，以两个环境变量为自变量，使共享经济各企业处于相同的外部环境，能够更加公平客观地衡量企业的效率。环境变量的取舍主要根据其是否对输入的松弛变量产生作用，而与其本身的单位没有关系，因此将环境变量标准化。应用软件 Fronter4.1 对松弛变量与标准化环境变量做 SFA 模型。

从表 8—4 的结果可知，三个松弛变量与环境变量的回归模型均通过极大似然比检验，拒绝了不存在无效率的原假设。

表 8—4　SFA 模型的回归结果

变量	固定资产松弛变量	人员投入松弛变量	研发投入松弛变量
系数	−70.87	−19.06	−1874.62
上市年限	−114.20**	−12.80**	−620.31**
税收减免	52.79**	0.96	4529.14**
sigma-squared	490989.00	15261.00	10384763.00
gamma	0.67	1.00	0.88
极大似然检验	23.53**	11.60**	3.05*

注：*、**和***分别表示参数在 10%、5%和 1%的置信水平下显著。

三、再次 DEA 效率分析

调整后的投入产出变量剔除了环境和随机因素的影响，此时再次测算各决策单元的效率，得到的效率值更能明确真实地反映出管理效率的情况。因此，根据松弛变量与环境变量的 SFA 回归结果，将调整后的投入变量与产出变量再次利用软件 DEAP2.1 进行 DEA 效率分析，结果如表 8—5 所示。

表 8—5　基于调整后变量的 DEA 分析结果

企业	2018			2019			2020			2021			2022		
	TE	PTE	SE	TE	PTE	SE	TE	PTE	SE	TE	PTE	SE	TE	PTE	SE
1	0.797	0.900	0.885	0.821	0.821	1.000	0.993	0.993	1.000	0.876	0.934	0.938	0.854	0.892	0.958
2	0.621	0.686	0.906	0.733	0.781	0.938	0.797	0.806	0.988	0.838	0.884	0.948	0.849	0.899	0.944
3	0.572	0.631	0.906	0.626	0.719	0.870	0.655	0.657	0.998	0.790	0.793	0.996	0.619	0.640	0.967
4	0.578	0.620	0.932	0.514	0.580	0.887	0.673	0.702	0.959	0.447	0.456	0.979	0.597	0.639	0.933
5	0.638	0.693	0.920	0.679	0.733	0.926	0.803	0.830	0.967	0.759	0.826	0.918	0.891	0.892	0.999
6	0.575	0.624	0.921	0.734	0.815	0.900	0.829	0.883	0.939	0.689	0.749	0.920	0.635	0.732	0.868
7	0.714	0.754	0.948	0.612	0.679	0.901	0.849	0.899	0.944	0.677	0.696	0.973	0.750	0.822	0.913
8	1.000	1.000	1.000	1.000	1.000	1.000	1.000	1.000	1.000	1.000	1.000	1.000	1.000	1.000	1.000
9	0.631	0.665	0.948	0.838	0.850	0.986	0.898	0.980	0.917	0.715	0.741	0.965	0.763	0.822	0.929
10	0.708	0.749	0.945	0.589	0.650	0.906	0.710	0.710	1.000	0.759	0.810	0.937	0.757	0.757	1.000
11	0.706	0.712	0.992	0.795	0.828	0.959	0.786	0.801	0.981	0.692	0.806	0.859	0.747	0.773	0.966
12	1.000	1.000	1.000	1.000	1.000	1.000	1.000	1.000	1.000	1.000	1.000	1.000	1.000	1.000	1.000
13	1.000	1.000	1.000	1.000	1.000	1.000	1.000	1.000	1.000	1.000	1.000	1.000	1.000	1.000	1.000
14	0.550	0.637	0.864	0.711	0.772	0.921	0.801	0.837	0.958	0.708	0.740	0.957	0.598	0.631	0.947
15	0.676	0.727	0.930	0.648	0.710	0.913	0.672	0.745	0.902	0.822	0.840	0.979	0.708	0.729	0.971
16	0.786	0.838	0.938	0.689	0.720	0.957	0.714	0.779	0.917	0.668	0.732	0.914	0.753	0.754	0.998
17	0.711	0.750	0.949	0.628	0.696	0.901	0.685	0.753	0.909	0.828	0.828	1.000	0.871	0.885	0.984
18	0.604	0.645	0.937	0.678	0.725	0.935	0.681	0.755	0.902	0.843	0.844	1.000	0.625	0.694	0.901
19	0.652	0.734	0.889	0.773	0.860	0.899	0.598	0.659	0.907	0.703	0.796	0.883	0.569	0.617	0.923
20	0.711	0.811	0.876	0.676	0.730	0.926	0.596	0.665	0.896	0.672	0.737	0.912	0.765	0.837	0.915
21	1.000	1.000	1.000	1.000	1.000	1.000	1.000	1.000	1.000	1.000	1.000	1.000	1.000	1.000	1.000
22	0.342	0.392	0.874	0.584	0.679	0.861	0.713	0.744	0.958	0.684	0.763	0.896	0.853	0.886	0.963
23	0.604	0.659	0.916	0.714	0.805	0.886	0.691	0.806	0.857	0.658	0.732	0.899	0.635	0.666	0.953
24	0.664	0.749	0.887	0.576	0.669	0.861	0.647	0.716	0.903	0.443	0.508	0.874	0.727	0.754	0.964
25	0.634	0.643	0.986	0.693	0.718	0.965	0.752	0.807	0.932	0.622	0.676	0.920	0.812	0.821	0.989
26	0.784	0.845	0.928	0.516	0.584	0.884	0.668	0.716	0.933	0.597	0.667	0.895	0.848	0.857	0.989
27	0.824	0.838	0.983	0.639	0.668	0.957	0.814	0.857	0.949	0.690	0.695	0.993	0.787	0.886	0.889
28	0.682	0.825	0.827	0.692	0.743	0.932	0.804	0.807	0.997	0.738	0.838	0.881	0.625	0.657	0.951
均值	0.706	0.754	0.932	0.720	0.769	0.931	0.780	0.818	0.951	0.747	0.789	0.944	0.773	0.805	0.958

对比表 8—5 与表 8—3 的分析结果可以看到，第一阶段的整体效率受到

环境变量和随机误差的影响而被低估。经过第二阶段的调整，剔除了环境和随机因素的影响之后，2018—2022 年共享经济企业综合效率和纯技术效率均有明显提高。以 2022 年为例，综合效率和纯技术效率分别提升了 0.061 和 0.067。这表明，环境变量及随机误差确实会对效率值产生影响，当剔除其影响后，将共享经济企业置于相同的外部环境和概率水平时，对效率水平的测度更加客观准确。

从表 8—5 的结果看，2018—2022 年共享经济企业的综合技术效率（TE）平均值分别为 0.706、0.720、0.780、0.747 和 0.773，共享经济企业的平均纯技术效率（PTE）是 0.75 左右，规模效率（SE）平均值为 0.93 以上，因此，虽然剔除了环境和随机因素影响，但共享经济企业的效率值仍然未达到生产前沿，企业技术能力和规模效应均未充分发挥，企业生产效率需进一步提升。

从企业测算结果看，对比第一阶段和第三阶段的测算结果可以发现，DEA 效率值呈现下降、不变和上升三种形态，环境变量对不同共享经济企业效率值的影响存在较大差异。具体情形为：一是剔除环境影响后，综合效率值明显下降，其原因在于技术效率和规模效率同时下降，如企业 4，说明这类共享经济企业的发展更多地受到环境因素（如本身年限、税收优惠等）的影响；二是无论是否剔除环境影响，都是处于效率的前沿面，效率值无明显变化，如企业 8，说明这类企业经营水平较高，规模效率也处于较优水平，不易受到外部环境影响；三是剔除环境影响后，综合效率值明显提升，如企业 27，说明这类企业在营商环境、政策支持等外部环境方面还有较大的优化空间。

由此可知，共享经济企业效率总体呈现三个特点：一是效率不高，虽然经调整后的共享经济企业综合效率达到 0.7 以上，但与生产前沿还有差距；二是提升缓慢，从时间维度看，共享经济企业综合效率值呈波动状态，2020 年综合效率值最高，但仍低于 0.8，效率值随着企业的生产发展和经营积累未有明显提升；三是有部分企业经调整后出现效率下降的现象，其发展受环境因素影响较大，自身发展能力有待提高。2020 年之前，我国共享经济处于发展初期且势头迅猛，共享经济企业快速发展和效率提升的推动力主要是用户持续增多，规模快速增长，实现产品和服务效用增值。但是，在有效监管缺位的情况下，共享概念成为市场热点，过快的扩张和无序暴露了共享经济企业创新不足、同质化竞争严重、发展不够规范等问题，同时，随着用户规模数量增加，增长速度越快，领先企业的领先优势不断扩大，导致不正当竞争行为、垄断等问题，出现“赢者通吃”“独角兽”现象，进而带来部分企业盈利困难、效率低下，出现了共享经济企业的效率值尚未达到生产前沿的情况。

四、Malmquist 计算

三阶段 DEA 模型是 2018—2022 年每年对多个企业进行综合效率评价。随着时间推移，由于技术进步和管理改进，为进一步了解共享经济企业发展效率和规模变化，利用软件 DEAP2.1 测算 Malmquist 指数。该模型所需数据为面板数据，即 m 个时期 n 个决策单元的投入产出数据。结果如表 8－6。

表 8－6　Malmquist 指数计算及分解结果

年　份	Malmquist 指数	技术进步（TECH）	效率变动（EFFCH）	规模效率变动（SECH）	纯技术效率变动（PECH）
2018—2019 年	0.987	1.087	0.908	1.002	0.906
2019—2020 年	1.246	0.947	1.316	1.182	1.113
2020—2021 年	0.807	0.912	0.885	0.982	0.981
2021—2022 年	1.122	1.058	1.061	1.018	1.042
均值	1.040	1.001	1.042	1.046	1.011

根据 Malmquist 指数的变化情况来看，2018—2022 年共享经济企业的全要素生产率呈现波动增长态势，平均增长 2.7%。与上一年相比，2019—2022 年共享经济全要素生产率变化分别为－1.3%、24.6%、－19.3%和 12.2%，这种波动态势也体现了共享经济行业发展还未成熟的现状。从分项看，效率变动、规模效率和纯技术效率变化指数的均值都大于 1，共享经济企业的效率推动了其生产率的提高，2018—2022 年共享经济企业生产率平均增长 2.7%，规模效率增长最高，为 4.3%，技术进步略降 0.2%，由此可见，生产率的提高主要依赖规模效率的提高，以技术创新为驱动力的共享经济增长动能未明显体现，也导致生产率提升缓慢。

五、共享经济企业效率影响因素测度

通过对共享经济上市企业效率测算，可见不同企业效率值存在显著差异，为了解造成这种差异的原因，本节对影响我国共享经济上市公司的发展效率各项因素进行分析。

（一）指标及数据来源

要提高共享经济上市企业效率值，从效率模型看，需要优化投入和产出的数量关系，以及改变环境变量的影响，使效率值接近 1。实践中，企业经营策略（投入变量）或政策制定（环境变量）可以直接影响并产生改变，投入变量和环境变量是否对效率值存在统计学意义上的显著影响，以及能在多大程度上提高效率值，需要利用回归模型来确定。

因此，自变量的指标选取方面，主要纳入效率模型的相关指标，即采用企业资产总额表示企业规模，全年平均从业人数、研发费用表示人力和研发投入，营业收入表示企业市场销售能力和经营成果，税收返还减免表示政策补助力度，控制变量采用上市年限指标。因变量为企业综合效率值，由于效率值取值区间为[0,1]，采用 Tobit 模型进行估计。数据样本期限为 2018—2022 年。

（二）Tobit 模型

以共享经济企业综合效率为因变量，构建如下函数关系：

$$T_{it} = \alpha_{it} + \beta_1 \ln As_{it} + \beta_2 \ln Em_{it} + \beta_3 \ln Rd_{it} + \beta_4 \ln In_{it} + \beta_5 \ln Re_{it} + \beta_6 x_{it}$$

其中，T_{it} 表示第 i 家企业第 t 年的效率值，α_{it} 表示常数项，自变量分别为企业资产总额 As_{it}、全年平均从业人数 Em_{it}、研发费用 Rd_{it}、营业收入 In_{it} 和税收返还减免 Re_{it}，同时，选取可能影响各变量与共享经济效率值关系的企业上市年限 x_{it} 作为控制变量。$\beta_j(j=1,2,\cdots,6)$ 为回归系数。为了消除异方差，提高模型估计的准确性，自变量进行对数化处理。极大似然比检验拒绝了“存在个体效用”的原假设，因此使用随机效应面板 Tobit 模型。

（三）结果及分析

运用软件 Eviews11，结果如表 8－7。

表 8－7　Tobit 模型结果

自变量	不加控制变量	加入控制变量
资产总额	1.102**	1.069**
全年平均从业人数	0.913*	0.182*
研发费用	11.006**	9.535**
营业收入	4.138**	3.420**
税收返还减免	－0.513	－0.342
上市年限		1.108

注：* 和 ** 分别表示参数在 10%、5% 的置信水平下显著。

从两列结果的对比可以看出，加入控制变量后，无论共享经济企业的成长速度和发展阶段如何，对综合效率的影响程度和方向都不大。从回归系数的方向来看，资产总额、从业人数、研发费用、营业收入与共享经济企业效率呈显著的正相关关系，这说明企业规模越大，人力和研发投入越多，产品市场销售越强，共享经济企业效率越高，其中，研发费用的回归系数值最高，可见技术投入是提高共享经济企业综合效率值最为显著有效的因素。税收返还减免与共享经济企业效率关系不显著，政府对共享经济企业的政策补助效果体现尚不明显。

（四）稳健性检验

由于 Tobit 模型可能存在遗漏变量和内生性问题，为了验证结果的稳健性，使用系统 GMM 方法对模型进一步估计。将自变量及因变量滞后项作为工具变量，利用 Hansen 过度识别检验和 AR 检验确定工具变量的有效性。通过 SPSSAU 自动识别最佳模型，结果如表 8－8，Hansen 检验 p 值不拒绝原假设，AR(2)检验显示通过自相关检验，因此模型可用。从系数符号上看，系统 GMM 的估计结果与 Tobit 模型较为一致，模型结果具有稳健性。

表 8－8　系统 GMM 稳健性检验结果

自变量	系数及检验
资产总额	0.017*
全年平均从业人数	1.159**
研发费用	7.634*
营业收入	6.498**
税收返还减免	－0.176
AR(1)检验(p 值)	0.031
AR(2)检验(p 值)	0.612
Hansen 检验(p 值)	1.000

注：* 和 ** 分别表示参数在 10%、5%的置信水平下显著。

第四节　企业效率与共享经济发展

微观角度的共享经济上市公司企业效率与宏观层面共享经济发展情况关系如何，是企业效率角度下共享经济发展关注的核心问题。共享经济企业是支撑共享经济发展的基石，本节基于作者已完成的研究成果——共享经济发展指数与上市公司企业综合效率数据相匹配进行进一步研究，探索企业活动对共享经济的影响程度。根据 Aghion 等(2021)对数字经济和企业效率关系的研究，企业在数字经济发展初期，出于竞争目的持续进行技术和商业模式的创新，在边际报酬递增规律和梅特卡夫定律下，企业效率不断提升，但随着市场竞争激烈，优势资源集聚，将导致市场出现垄断效应，企业效率提升幅度降低，进一步限制行业发展。共享经济是随着数字经济发展的新业态新模式，因此本研究认为，虽然本节只是针对两个变量的分析，但共享经济与企业效率之间的关系并非简单的正向或负向的线性关系。

一、模型设计

构建如下函数关系：

$$I=f(x)$$

其中，因变量 I 为共享经济发展指数，自变量 x 表示共享经济企业综合效率。为检验二者之间是否存在非线性关系，引入了 x 的平方项。

二、拟合结果

为使样本数据更丰富，并与 2015—2022 年共享经济发展指数相匹配，利用三阶段 DEA 模型进一步对 2015—2017 年共享经济企业综合效率进行测算，由此对 2015—2022 年共享经济发展指数与上市公司企业综合效率进行研究。见表 8—9。

表 8—9 模型拟合结果

变量	值及显著性
企业综合效率 x	18.871**
企业综合效率 x^2	−12.561**
检验量	值及显著性
R^2	0.860
F 统计量	22.494**
拐点值	0.751**

注：* 和 ** 分别表示参数在 10%、5% 的置信水平下显著。

结果显示，企业综合效率的一次项系数为正，二次项系数为负，且在 5% 的置信水平下显著，表明企业效率与共享经济发展可能存在“倒 U 型”关系，即共享经济发展随着企业效率提高呈先上升后下降的趋势。进一步借助 U-test 检验，并计算“倒 U 型”拐点，可知拐点值为 0.751，落在企业综合效率的取值区间，可见，2015—2022 年共享经济与企业综合效率的发展正在经历正向推动作用到负向下拉作用的过程，尤其是 2019—2022 年的企业综合效率在拐点值附近波动。因此，当前共享经济处于“倒 U 型”的左侧还是右侧，还需要更长时间的观察和研究。这种正向转为负向的作用关系，可能与企业的先发优势、行业垄断有关。

第五节　结论及建议

本研究从企业角度分析了共享经济企业的效率、因素及对共享经济发展的影响。首先，我国共享经济企业的效率水平总体不高，从静态角度测算的共享经济上市企业效率较低，剔除环境和随机因素的影响后，共享经济企业效率有一定提升，但仍未达到生产前沿；动态角度的测算表明，共享经济企业的全要素生产率呈现波动增长态势，整体来看共享经济企业效率推动了其生产率的提高。其次，企业规模越大，人力和研发投入越多，营业收入越高，共享经济企业效率越高；技术投入是提高共享经济企业综合效率值最为显著有效的因素，但共享经济企业的技术进步作用尚未充分发挥；政府对共享经济企业的政策补助，对相关企业效率提升的效果还未明显体现。

根据以上结论，对共享经济发展提出三方面建议：第一，技术进步带来的共享经济效率提升还有较大的空间，应继续加大研发投入，发展关键技术，增强企业竞争力；第二，适当扩大企业规模，增强企业发展的规模效应，有助于企业效率提升；第三，加大在营商环境、政策支持等方面对共享经济企业发展的支持力度，进一步显现政策补助效果，加强公平规范的引导，完善治理规则，推动共享经济企业逐步以行业的高质量发展为方向，持续健康有序发展。从共享经济下一步研究工作来看，还可从“倒 U 型”关系的成因、影响，以及共享经济微观效率与宏观发展的因果关系、贡献程度进行深入探究。

第九章

共享经济统计核算问题研究

在上一部分中，我们搜集和整理了国际组织和有关国家关于新经济统计测度方面的研究成果，梳理了探索新经济统计测度的具体做法和有益经验。本部分将在上一部分研究的基础上，梳理国内外学者对共享经济统计问题的观点和已有研究结论，阐述开展共享经济的统计必要性，分析共享经济对现行统计带来的挑战和共享经济统计的主要任务，在此基础上研究提出共享经济统计调查和核算的思路方案设计。

共享经济以更低成本和更高效率实现经济剩余资源的供需匹配，成为推动经济发展的新动能。尽管近年来共享经济获得长足发展，但共享经济的统计边界、分类等重要问题仍不够明确，如何对共享经济进行统计，尤其是如何对共享经济的增加值和贡献进行测算，现有的研究和实践都非常有限，这对我们准确认识共享经济的发展现状、特点和趋势，以及客观、系统评估共享经济的作用和地位都形成制约。由此，如何准确衡量共享经济及其对经济的贡献，是统计理论研究和统计实务部门面临的新任务和新挑战。

第一节　共享经济统计问题研究和统计工作实践进展

基于对共享经济作用及未来发展趋势的认识，目前已有一些学者对共享经济的统计问题进行了分析和探讨，并对如何应对包括共享经济在内的新经济、新业态、新模式对统计工作带来的挑战提出思路和方法措施，其中的一些观点或结论包括：一方面，可以从共享经济平台入手，通过开展共享经济平台专项调查，充分掌握共享经济的相关基础资料；另一方面，要根据经济实践中的实际情况，改进我国当前的企业调查和住户调查，充实有关调查指标和调查内容，并充分利用大数据资料和手段，搭建共享经济统计的框架（万东华等，2017）；可以考虑建立包括核算范围、核算对象、核算内容等要素在内的共享经济统计基本框架，并尝试构建共享经济卫星账户体系（平卫英和罗良清，2018）；应根据新经济、新业态和新模式自身与传统经济模式和业态的特点，对传统的统计调查和经济核算制度等进行系统调整和完善，并建立应对措施，构建能够刻画共享经济发展趋势和变化的统计指标体系（宋傅天等，2018）；对于住户部门生产尤其是自给性服务生产部门而言，共享经济给相关经济活动的核算提供了全新的视角和思路，在这种情况下，有必要改变现行的资本形成和最终消费的统计范围（宋旭光和周远翔，2019）；基于对共享经济活动本质的辨析和共享经济的统计分类，可以基于估价逻辑和分生产模式的方法和思路，对共享经济的增加值进行直接测算（向书坚等，2021）。从上述已有研究成果的主要内容看，已有文献对共享经济统计问题的研究主要以理论和设想探讨为主，尚未形成具体和可操作的统计方法、框架和流程体系，与真正付诸实践还有很大的距离。

在政府统计领域，目前国内外一些政府机构也在积极对如何统计共享经济的问题进行积极探索，国外如英国中央统计局、澳大利亚统计局、加拿大统计局等，我国国家统计局在这方面也做了大量基础性工作，现有成果主要体现为对共享经济交易规模的测算。然而，交易额是交易总量，未扣除服务提供者承担的中间投入，相当于停留在总产出核算，并没有实现对增加值的测算。此外，这些测算主要集中在以互联网平台为中介的共享经济活动，没有覆盖线下非平台交易，当然也可能包含了通过平台交易的但不属于共享经济的活动。由此可知，从目前的共享经济交易额统计到共享经济增加值测算同样还有很大的距离。

从以上对现有文献研究成果和统计部门实践情况的梳理，可以看出，尽管共享经济已经成为一种非常重要的新经济形态，并成为未来经济发展的一种重要趋势，但对于共享经济的统计问题而言，无论在理论层面还是政府统计的实践领域，目前都处于探索阶段。基于前文对共享经济的起源和发展的梳理，以及共享经济发展对经济社会发展所发挥作用的分析，本部分对共享对象、交易主体特征、共享动机、共享效益等问题进行辨析，并从调查方法、统计范围、模式类型、统计指标及数据来源等方面就如何统计共享经济的问题进行探讨，为促进共享经济的统计工作提供思路和方法参考。

第二节　开展共享经济的统计必要性

共享经济是当前新经济中非常重要、也非常具有代表性的经济发展新模式，正如前文所述，共享经济发展一方面给经济社会发展带来巨大的影响，另一方面，也给现行的统计体系带来一系列挑战。在这种情况下，通过统计调查方式方法的改进和创新，对共享经济本身及其对经济社会发展的影响予以统计，不但是统计机构满足社会对统计信息需求的必然要求，同时也是实现统计创新发展、提升统计服务能力和水平的重要内容。

对于新经济发展统计，目前国家统计局已出台了《新产业、新业态、新商业模式专项统计报表制度》(简称“三新”统计)，其中的新产业、新业态、新商业模式是分别从经济活动性质、服务业载体形态、要素组合模式等方面，对新出现经济活动的总体描述。“三新”统计制度主要反映提质增效转型升级、工业战略性新兴产业、新产品、新服务、高技术产业及新技术、科技企业孵化器、四众(众创、众包、众扶、众筹)①、电子商务、互联网金融、城市商业综合体和开发园区等 11 个重点领域的发展状况。

从“三新”统计制度包含的内容看，“三新”统计的范围非常宽泛，共享经济作为新经济的重要内容，虽然在“三新”统计中有所涉及，比如其中的众包、众筹以及互联网金融中的 P2P 借贷均属于共享经济的活动内容，但共享经济中更为主要的内容并未包括在内，包括交通出行、房屋短租、物流快递、生活服务、知识共享等，因此，当前的“三新”统计并不能满足对共享经济发展统计的需要，在未来的统计工作中，为准确衡量共享经济，还需要对“三新”统计的范围予以扩展，将共享经济统计全面纳入“三新”统计，或者专门针对共享经济制定专门的统计调查制度。

第三节　挑战和主要任务

一、共享经济对现行统计带来的挑战

作为新经济的重要内容，共享经济与传统经济模式在很多方面都存在明

① https://www.gov.cn/zhengce/2015—09/18/content_2934471.htm

显差异，正是因为这些差异的存在，现行统计如何准确反映共享经济的发展及其影响面临诸多挑战。

（一）生产统计及核算范围明显拓宽

在传统的经济模式中，企业是产品和服务的生产者和提供者，因此现行的统计调查是以法人单位和个体经营户为调查对象。但在共享经济条件下，个人越来越多地成为产品的供应者和服务的提供者，如何将数量庞大、高度分散、流动性强且规模很小的个人生产经营活动纳入生产统计，是一个难题。进一步，在行业和总量等层面，如何对个人生产活动的产出和价值予以核算，并与现行统计核算框架进行对接，同样是需要深入研究的理论和实践问题。

（二）消费与投资行为的边界日趋模糊

在共享经济模式下，个人购买的某些消费品（如汽车）因与他人的共享不再是单纯的消费品，而是具有消费和投资的双重属性，这一变化使得传统居民消费与投资之间的边界日趋模糊。

（三）价格统计仍须改进

共享经济模式下配置的资源因其是闲置期间使用效率的再释放，其价格一般低于传统的产品和服务价格。由于共享经济模式下的交易价格在现行价格统计中并未得到充分反映，因此可能会造成价格指数的高估。在共享经济模式下，许多物品、服务（如信息咨询、影视作品）都是免费的，如何计价是需要研究的。

（四）对就业和收入统计的要求更高

共享经济的出现在拓宽就业渠道的同时，也增加了居民收入来源。尽管现有的劳动力调查和居民收支调查能够涵盖通过共享经济实现的就业和获得的收入，但由于并未对此与传统的就业和收入进行区别统计，因此，基于现行统计衡量共享经济对就业和收入的影响比较困难。

（五）现行统计调查对象难以满足共享经济的统计需求

现阶段，共享经济在国内处于快速成长阶段，未来发展空间巨大，且作为新经济的重要组成部分，理应以科学的方法纳入国民经济统计。现行统计以法人单位或产业活动单位为调查对象，这难以满足共享经济的统计需求。大多数共享经济在传统经济实体中产生并发展，因此与传统经济混在一起，在现行统计下对其分离并分别统计几乎不可能，即便极少数共享经济以新企业的形式出现，大多企业的经营内容也并非纯粹的共享经济，同样是既包含共享经济，也包含传统经济。比如现行的 GDP 主要以企业法人和个体户进行统计，而共享经济的现状是人人都可以成为生产者。

二、共享经济统计制度建设的主要任务

统计上如何客观和准确地反映共享经济发展及其对经济社会发展的影响，是当前世界各国统计领域普遍面临的难题。研究并推进共享经济统计，需要进一步改革和完善现行统计制度方法，这给我国统计的创新发展带来了新的机遇。共享经济统计制度建设的主要统计任务可以概括为以下两个方面：

(一)制定共享经济核算方法

共享经济借助移动互联网的发展，与传统经济活动有较大的差别，现有统计核算方法无法与共享经济按行业、领域、法人机构等分类一一对应，很难对共享经济活动进行精确统计。为了客观反映共享经济的发展规模，需要政府统计部门研究制定相应的共享经济核算方法，通过构建共享经济统计分类，科学界定共享经济活动范围，满足统计上观察、测算共享经济发展规模、结构和质量的需要。

(二)建立与共享经济发展相适应的统计调查制度

开展共享经济统计研究，探索共享经济统计核算的方法和途径，需要政府统计部门改革和完善现有的价格、就业、收入等统计调查体系，将共享经济纳入现行统计调查体系中。通过对共享经济概念及其内涵的界定，明确共享经济统计调查对象和统计内容，科学界定共享经济统计范围，合理划分共享经济模式类型，建立一套与共享经济发展相适应的统计调查制度。

第四节　共享经济统计调查的思路设计

一、共享经济的调查对象和统计内容

(一)共享经济的统计对象

基于我们提出的共享经济概念，结合共享经济本身的特点，对共享经济的统计应以共享经济交易活动为核心开展，由此，将共享经济的调查对象界定为参与共享经济活动的共享平台和交易主体。互联网共享平台包括以电子商务和社交网络为代表的互联网平台，直接关联到交易主体和共享对象，通过对共享平台的调查，既能掌握共享经济交易主体、交易内容、交易规模、价格水平等信息，也能够掌握共享平台的经营发展状况。就交易主体(包括个人、企业和政府)的调查而言，通过对使用方的调查，可获取使用方的消费支出信息；通过对所有权方的调查，可获取所有权方的兼职和所获取的经济收益等相关数据。

(二)共享经济的统计内容

从充分反映共享经济本身发展状况及其对经济社会发展影响的角度,共享经济统计应包含以下内容:

1. 针对共享平台的统计内容

针对共享平台的统计内容包括共享平台的基本情况,交易情况以及财务状况等。

共享平台基本情况统计包括共享平台名称、单位地址、网址信息、平台类型、登记注册类型、是否专营或兼营共享经济活动、从业人员数等基本信息。

平台交易情况统计包括参与交易主体的类型及数量、交易内容、交易频次、交易价格、交易规模(数量或金额)、营业收入和交易额(租金)。其中交易主体类型现阶段主要为个人和企业,交易内容主要包括闲置物品(设备)、闲置资金、闲暇劳动力(时间)和认知盈余,具体在实践中可根据需要进一步细分;营业收入是指共享平台作为交易媒介从共享交易中所获取的收益;交易额(租金)是与交易主体双方所达成交易相对应的租金,即所有权方获取的收入。

平台的财务状况统计包括共享平台的资产、负债、营业收入、营业费用、利润、税金、劳动者报酬等工资福利支出等信息。对于兼营共享经济活动的企业平台,需将与共享经济活动相关的收入和支出从总体中剥离出来。

2. 针对交易主体的统计内容

针对交易主体的统计内容包括各类社会主体对共享经济的参与情况、所有权方获取的收益和兼职情况,以及使用方的消费支出情况等。

具体应包括各类社会主体参与共享经济活动的频率和交易内容,所有权方通过共享平台提供闲置资源所获取的收益和获得的兼职机会,以及使用方通过共享平台租借资源所发生的消费支出。此类统计信息一方面可以反映共享经济的活跃程度,另一方面也是推算共享经济交易规模的基础资料,因此与共享平台的统计内容互为补充。

二、共享经济的统计范围

根据共享经济的概念,对共享经济的统计需要结合“以租代买”和“闲置资源”两个本质属性。考虑统计的可行性,将共享经济的统计口径确定为:借助互联网平台实现的、以货币形式有偿让渡闲置资源使用权的交易活动。

这一统计口径能够保证相关统计“不重”,仅限于闲置资源,从而排除了基于互联网的传统专业租赁;仅限于使用权交易,从而排除了网络购物、网上商城等电子商务交易。

对不是以货币形式无偿让渡闲置资源使用权的活动,因其并不直接带来新的收入，目前在统计上难以对其收益进行认定，暂不纳入统计范围。

三、共享经济的模式类型

目前，国内外对共享经济的类型划分并没有统一标准，角度不同，划分的类型也不同。

美国学者 Rachel Botsman 根据共享内容将共享经济划分为三类：第一类是产品服务；第二类是二手物品的再流通市场；第三类是基于资产、技能、时间的协同生活方式。Juliet B. Schor 根据共享平台的性质将共享经济划分为非盈利性平台和盈利性平台。

国内有研究机构根据共享对象将共享经济细分为六类，具体包括产品共享，如汽车、设备、玩具、服装等；空间共享，如住房、办公室、停车位、土地等；知识技能共享，如智慧、知识、能力、经验等；劳务共享，主要集中在生活服务行业，如众包；资金共享，如 P2P 借贷、产品众筹、股权众筹等；生产能力共享，主要表现为一种协作生产方式，包括能源、工厂、农机设备、信息基础设施等。

共享经济现阶段主要表现为个人、企业两大经济主体之间的交易，但随着互联网电子商务的发展以及共享经济对资源利用效率的提高，未来政府和社会组织也可以参与到共享经济中。基于共享经济交易主体个人和企业（政府）间的关系，我们将其概括分为四种模式类型：

1. 个人与个人（C2C）。每个人既可以是生产者，也可以是消费者，个体作为供需方直接对接。例如，当前基于互联网平台的 P2P 金融业务、网上海外个人代购均是这一模式的典型代表。

2. 个人与企业或政府（C2B）。企业借助于社会化力量运作，通过众包满足临时性的劳动力需求，企业虚拟化运营发展；通过股权众筹便捷获取社会化资金运转。互联网金融理财服务可视为金融机构借助互联网平台直接筹集个人手中闲置的资金。

3. 企业与个人（B2C）。企业以“以租代售”的战略，颠覆传统面向消费者的卖新和卖多行为，从销售产品向提供租赁服务转型。

4. 企业与企业（BCB）。企业与企业之间共享其闲置资产，从有形的闲置资产共享到无形的产能共享，通过互联网平台实现优化资源配置，协作共赢。

四、共享经济的统计调查指标和调查表

根据共享经济的统计内容，共享经济相关统计指标应涵盖以下三方面：①共享平台企业；②交易规模及其类型；③交易主体及数量。

基于前面的研究，此处给出共享平台企业情况统计指标。主要统计指标

的解释见附录二。

(一)共享经济的统计调查指标

1. 共享平台基本情况统计

平台企业数

新注册平台数

注销平台数

平台企业年末从业人数

平台企业提供服务的国内城市数量(全国4个直辖市、334个地级行政区划)

平台企业在境外提供服务的国家(地区)数量

2. 共享平台用户数量统计

平台注册用户数

平台新增注册用户数

平台注销注册用户数

平台活跃用户数

3. 共享平台交易和收入情况统计

平台交易额

平台收入

其中:平台服务费

其他

使用服务用户支付的费用

提供服务用户(或使用权出让用户)获得的收入

平台交易量

4. 共享平台财务状况统计

实收资本

所有者权益

资产合计

其中:固定资产总额

流动资产总额

负债总计

投资额

其中:R&D投资额

营业收入

其中:主营业务收入

营业成本

其中：主营业务成本

利润总额

其中：主营业务利润

税收总额

(二)统计指标的分类

1. 按领域分

生活服务

医疗

旅游

出版教育培训

社交媒体

通信

金融

交通物流

企业服务

2. 按地区分

北京

河北

……

3. 按交易类型分

C2C

C2B

B2C

B2B

综合平台

4. 按境内境外分

境内

境外

5. 按是否专营分

专营

兼营

6. 按机构和个人分(政府、社会组织等非个人用户均归为机构用户)

机构用户

个人用户

7. 按专职和兼职分(仅限于提供服务方且为个人用户的情况)

全职

兼职

8. 按平台分(仅限于平台服务覆盖的城市数量统计)

甲平台

乙平台

……

(三)共享经济统计调查方案

根据前面的统计指标体系,我们设计了共享经济的统计调查方案(调查报表)。此处主要以共享平台企业情况、交易规模及其分类统计和共享经济主体及数量统计为例进行说明,主要报表见附录三。

如表 9—1 所示,具体包括共享平台种类及数量、营业收入、利润总额、期末从业人数等统计指标。此类指标可通过共享平台基本情况统计信息汇总得到,主要从交易平台发展角度监测共享经济发展状况。

表 9—1　互联网共享平台企业情况统计指标

指标名称	单位
平台企业数	个
其中:C2C 平台	个
C2B 平台	个
B2C 平台	个
B2B 平台	个
营业收入	万元
其中:C2C 交易	万元
C2B 交易	万元
B2C 交易	万元
B2B 交易	万元
利润总额	万元
其中:C2C 交易	万元
C2B 交易	万元
B2C 交易	万元

续表

指标名称	单位
B2B 交易	万元
期末从业人员	人
其中:C2C 交易	人
C2B 交易	人
B2C 交易	人
B2B 交易	人

交易规模及其分类统计指标如表 9—2 所示,分类统计可以按交易模式类型分和交易内容划分。此类指标可通过共享平台交易情况统计信息汇总得到,主要用于监测共享经济的规模和结构。

表 9—2　共享经济交易规模统计指标及分类

指标名称	单位
共享经济交易规模	万元
(一)按交易内容分	
1. 产品共享	万元
2. 空间共享	万元
3. 知识共享	万元
4. 劳务共享	万元
5. 资金共享	万元
6. 生产能力共享	万元
(二)按交易模式分	
1. B2C 交易	万元
2. B2B 交易	万元
3. C2C 交易	万元
4. C2B 交易	万元

共享经济主体及数量统计指标如表 9—3 所示,此类指标主要用于监测参与共享经济的经济主体数量规模。

表 9—3　共享经济交易主体统计指标

指标名称	单位
按平台交易主体分	
(一)使用权出让方	
1. 企业	个
2. 个人	人
(二)使用权获取方	
1. 企业	个
2. 个人	人

五、共享经济增加值核算

以共享出行、共享住宿和在线外卖为例,对共享出行行业增加值进行估算。

(一)共享出行

1. 估算依据

根据国家信息中心公布的《中国共享经济发展报告(2021)》,2020 年我国交通出行市场交易额为 2276 亿元,根据网约车公司公开数据和收费规则,估计车辆折旧和维修费用约为交易额的 5%,完成订单收取司机费用 20%～30%作为信息服务费。网约车模式主要包括以下三种:

一是拥有汽车的个人将自己和车辆信息注册在该软件平台上,借助软件平台获取自己周围乘客的需求信息,降低寻觅乘客成本,选择接单时间、地点等需求与自己最匹配的乘客,接单获取的费用按一定的比例支付给平台,作为信息服务费。

平台与司机签署劳动合同,平台属于非金融企业部门,提供交通运输服务和信息服务,平台的发展对其他机构部门的总产出与中间消耗并未产生影响,因此该情况下网约打车交易对 GDP 的影响:

增加值变化量(ΔGDP)=总产出变化量(ΔTY)-中间消耗变化量(ΔIC)

二是与出租车公司合作,出租车公司提供车辆和司机,出租车公司与司机为雇佣关系,车辆所有权和特许经营权归出租车公司所有,平台为出租车公司提供信息服务获得信息服务费。

三是公司购买车辆,将车辆按时段出租给司机,司机通过缴纳租车费和信息服务费来提供服务并赚取个人收入。

2. 核算主要规则

增加值包括两个方面:出行服务增加值和信息服务增加值。

打车交易增加值(G)=总产出(TY)-中间消耗(IC)

=交通运输服务费-车辆维护费-支付给信息软件平台的费用等

增加值净值(NG)=增加值(G)-固定资产损耗(F)

=增加值(G)-自有车辆作为生产工具时的损耗

3. 估算方法

通过网约车公司公开数据估算,并根据比例反推共享出行行业的增加值。

(二)共享住宿

根据共享住宿的房屋来源,可将共享住宿模式分为两种:

1. C2C(个人对个人)模式。房东将闲置房屋信息注册在软件平台上,房客通过平台搜索符合需求的房源,入住成功后房东和平台按一定的比例分配,支付给平台的费用作为信息服务费。这种情况下,房东既是原来房屋的消费者,也是当前提供住宿服务的生产者。

与共享出行类似,共享住宿平台属于非金融企业部门,仅提供信息服务,信息服务费用构成其营业收入。平台的发展对其他机构部门的总产出与中间消耗并未产生影响,因此该情况下住宿交易对 GDP 的影响:

增加值变化量 (ΔGDP)=总产出变化量(ΔTY)-中间消耗变化量(ΔIC)

2. B2C(企业对个人)模式。房源归属可能是房产开发商,也可能是以房屋租赁为主营业务的企业,这种模式下房屋为企业自身的固定资产,房客支付的费用为企业的业务收入。这种拥有自营房源的重资产企业也会通过第三方软件平台进行注册,租赁收入按一定比例支付平台作为信息服务费。

与上一种模式不同的是,B2C 模式不仅提供信息服务,也提供住宿服务。根据 SNA2008,法定所有者也是经济所有者,承受经营风险并通过将资产使用到生产性活动中获取经济收益,属于经营租赁。这种模式下共享住宿企业是产品提供方,属于产业部门,进行产出核算的会计资料较为完整。

租赁交易增加值(G)=总产出(TY)-中间消耗(IC)

=住宿服务费-房屋维护费-支付给信息软件平台的费用等

增加值净值(NG)=增加值(G)-固定资产损耗(F)-雇员报酬(E)

=增加值(G)-自有房屋作为生产工具时的损耗-雇员现金或实物报酬

(三)外卖服务

根据在线外卖经济活动主体,外卖服务的核算主体可分为外卖平台、商家、消费者、配送员。根据外卖配送专送、众包和商家自配三种不同的方式,外卖平台通过商家佣金、消费者订单金额、距离远近等确定不同的收费方式。对于外卖平台,主要是提供信息服务,营业收入可以从企业会计资料或调查中体现。对于消费者,如果是个人消费则计入最终消费,如果是企业为员工承担外卖费用,则计入企业的中间消耗。对于配送员,其经济活动计入第三方平台的生产,电动车费用计入中间消耗。

根据上述分析,对外卖服务的总产出和增加值等核算内容进行初步分析。第三方平台主要收取信息服务费用,但是对于商家自营外卖平台,如宅急送、麦乐送等,外卖产品和服务价值已包括信息服务的价值。对于一般商家而言,所创造的外卖产品和服务生产价值,可由订单总额作为总产出,人工、水电、房屋租赁费用、支付给信息软件平台的费用为中间消耗。对于线上线下同时营业的商家来说,可以根据订单额的比例对中间消耗进行分劈。

外卖交易增加值(G)=总产出(TY)-中间消耗(IC)

=在线外卖订单总额-水电、人工、租赁费用等-支付给信息软件平台的费用等

六、共享经济的数据来源

由于共享经济与传统经济模式的显著差别,现有统计方法和数据搜集渠道还不能很好地适应共享经济的统计需求,需要进一步改进统计方法,扩展数据来源。

(一)基于“三新”统计调查

国家统计局现已出台了《新产业、新业态、新商业模式专项统计报表制度》,分别从经济活动性质、服务业载体形态、要素组合模式等方面对新出现的经济活动开展统计。共享经济作为一种新经济模式,其经济活动在当前统计制度虽然没有予以直观反映,但其与“三新”统计中的四众(众创、众包、众扶、众筹)、电子商务、互联网金融等三个重点领域的经济活动存在紧密的联系。其中众包、众筹以及互联网金融中的P2P借贷均属于共享经济的活动内容,而电子商务是共享经济平台发展的重要基础。

共享平台的统计内容包括共享平台的基本情况、交易情况以及财务状况等。在现有“三新”统计制度的框架下,可通过对接或新增调查内容,建立共享平台专项统计调查。例如,上述共享经济平台交易情况的统计内容可以与“三新”统计中的重点网上交易平台交易情况统计对接。由于“租赁共享”与传统

的"买卖交易"属性不同,不能简单将其统计内容直接纳入重点网上交易平台中,可对重点网上交易平台设置是否为参与共享经济的属性指标,在加以区别后进行统计内容的整合。

(二)基于常规统计调查

针对共享经济交易主体的统计主要包括经济主体参与共享经济的交易内容,以及经济主体作为使用方所付出的消费成本或作为所有权方所获取的经济收益,这些统计信息的获取针对的调查对象主要是参与共享经济交易的企业和个人。针对不同交易主体设立专门调查的难度较大,需要研究与现行的企业统计调查制度和住户统计调查制度有效结合。通过在企业统计报表和住户调查问卷中增加反映经济主体参与共享经济交易内容的统计指标,从中获取反映各类经济主体参与共享经济程度、通过共享经济产生的就业、收入、消费支出等数据信息。

(三)利用大数据技术获取

受调查成本和效率等因素的影响,通过共享经济交易平台专项调查只能得到平台汇总数据,对于政府统计无法直接掌握的共享经济详细交易信息,可利用大数据技术直接从互联网获取。通过网络爬虫技术和互联网交易平台的应用程序编程接口(API),统计部门可直接从共享经济交易平台获取相关交易记录,然后运用网页数据解析技术从中整理出有关共享经济的数据。目前网络爬虫技术已成功运用于英国和荷兰等欧洲国家的价格统计,英国统计局还与社会企业联盟(SEUK)达成协议,通过 API 直接使用相关商业数据对共享经济进行研究,这为我们提供了可能的经验借鉴。

尽管可以通过建立专项统计调查、增加统计指标、利用大数据等手段对共享经济进行统计,但对于共享经济统计与现行统计体系的对接以及如何应对新经济形态对统计工作的挑战等问题,尚需要更为深入的研究。

第五节　共享经济统计中需要解决的重要问题

一、共享经济调研概况

为充分了解当前我国共享经济的发展现状,考察共享经济发展对经济社会发展的影响,为开展共享经济统计问题研究提供实践支撑,研究组专门开展了共享经济发展调研活动。

在当前共享经济发展的主要领域中,交通出行、房屋短租、生活服务三个领域的起步最早，发展也最快，在共享经济领域具有较强的代表性，鉴此，我们在房屋短租、生活服务两个领域分别选取了途家网和 e 代驾两家比较典型的企业平台进行了调研。途家网是国内排名比较靠前的在线短租预订平台，成立于 2011 年 12 月。e 代驾成立于 2011 年，是目前国内最大的在线代驾技能共享平台，通过对代驾司机和用户需求的有效匹配，e 代驾能够实现闲置个人技能和闲置时间的共享。

二、共享经济调研所发现的问题

前文中我们基于对国内外相关资料和观点的梳理和分析，从统计角度提出了共享经济的概念，并在对共享经济特征剖析的基础上，从调查对象、统计内容、统计范围、模式类型、统计指标、数据来源等各个方面，就如何对共享经济进行统计的问题进行了探讨。就统计工作的实践而言，在开展共享经济统计调查的过程中，可能还会遇到很多实际问题，这些问题的认识和解决对顺利开展统计工作也非常重要，尤其是对于共享经济这一跨界融合特征显著的新兴经济形态，其实际统计调查工作中遇到的问题可能更为复杂，也更具挑战性。此部分中，我们将调研过程中发现的问题汇总如下。

（一）共享经济就业难以准确统计

共享经济使就业方式更加灵活的同时，也增加了就业机会。在当前共享经济发展大潮中，相关行业和领域的新创企业不断涌现，直接创造了大量新的就业岗位，而参与共享经济活动的人员也不断增加，更是创生出规模可观且非常灵活的就业机会。从调研过程中我们了解到，网络共享平台关于企业自身及经营活动都有详细丰富的记录资料，以共享出行平台为例，企业层面的在职员工数、企业经营财务资料，与业务相关的每个司机提供的服务时间、车辆行驶时间、交易金额，以及平台从中收取的服务费等都有详细统计，按照本研究设计的统计方案，这些资料基本可以满足对共享经济的统计需求，但同样因共享经济与传统经济的融合发展及闲置资源界定困难的问题，现实中很难对共享经济创造的就业进行准确统计，这一问题可以从共享经济企业和共享经济活动两个方面进行考察。

在企业层面，当前市场上确实有不少公认的“纯粹”共享经济企业，即完全以共享经济活动为经营内容，这部分企业人员的就业应全部归属于共享经济创造的就业。但目前市场上更多的是不够“纯粹”的企业，即既从事共享经济活动，同时也从事其传统业务。若前面提到的专业汽车租赁通过共享出行平台接单、专营住宿的酒店通过途家网共享平台招揽客户都不能视作共享经济的话，这些平台都不能算作纯粹的共享经济企业。对于这部分企业，如何对其从业人员区分统计,并不是一个简单问题。

在共享经济活动层面,因难以界定相关人员的行为是兼职还是全职,对此部分就业的统计也非常复杂。以交通出行领域的技能共享为例,如上文所述,通过e代驾平台提供服务的司机有的是兼职,但也有很大一部分是专职司机,但由于任何网络共享平台都无法掌握每个司机的全时服务提供情况,因此难以区分哪些司机是兼职,哪些是全职,在这种情况下,如何区分哪些就业是传统的、哪些是由共享经济创造的,难度可想而知。

(二)共享经济收入难以统计

与就业统计中的情况类似,在对共享经济收入的统计中,对于非纯粹的共享经济企业,其创造的收入中有多少可以划为共享经济相关收入,企业内部未必进行严格区分并分别统计。对于技能共享,哪些人、多大比例的收入可以划归为共享经济收入,同样难以找到比较可靠的测算依据。

(三)共享经济发展衍生出的其他统计问题

作为经济社会发展的新生事物,虽然当前共享经济发展很快,但很多方面还不成熟。比较典型的是,大多数领域的共享经济在传统经济中产生并发展,大量个人、个体户等非企业主体获得通过网络平台提供服务并赚取收入的机会,但由于这些主体并未进行相应的工商注册,可能带来现行统计的漏统问题。以空间共享为例,房地产开发商和家庭等通过途家网共享平台出租闲置房源,这类出租服务应归属于住宿服务业,但由于这些主体并未进行工商登记或注册,上述活动就未能被现行的住宿服务统计涵盖。当前这类活动规模相对较小,不予统计的影响不大,但若在全行业中占据一定比例,则应予以考虑。

综上,从调研过程发现的问题看,虽然本研究设计的共享经济统计调查方案理论上可以反映共享经济的发展状况,但实际中因很多复杂因素和情况的存在,实践中对其统计的难度较大。若不对交缠在一起的共享经济与传统经济进行区分,对共享经济的统计难免会过大过宽,不但导致共享经济统计与传统统计的关系难以处理,更是会失去统计的价值。反过来,若对其进行严格区分,可行性是一个需要认真考虑的问题。

第十章 结论与政策建议

近年来，移动互联网和大数据技术深度融合推动了新一轮的产业革命，人们的价值观和消费观念不断更新，共享经济新模式应运而生。由于共享经济依托现代信息技术形成了超越传统商业模式的经济形式，具有广泛的发展前景，目前已成为推动经济发展的新动能。包括我国在内的许多国家都非常重视共享经济在提升供给效率、刺激消费需求、推动经济增长方面的重要作用，积极制定共享经济发展战略，将其作为推动可持续发展和循环经济的重要途径。

疫情防控平稳转段后，共享经济作为一种新兴且非常重要的经济现象和经济模式在我国展现出了巨大的发展活力，已经成为促进经济发展的中坚力量，在保障日常生活需求、带动扩大就业、促进国内大循环的同时，推动我国数字化转型与新发展格局的构建。

针对目前学界对共享经济研究显著滞后于实践发展需要的问题，本研究基于对现有国内外研究的梳理和有关实践经验，结合共享经济概念内涵和性质特征以及对经济社会发展作用等的分析，对近年来我国共享经济的发展状况、共享经济的活跃度、我国共享经济的发展效率和发展质量以及如何统计共享经济等问题进行了系统深入的研究。

第一节　主要研究结论

一、共享经济的内涵、特征作用及发展趋势

关于共享经济的概念内涵，通过梳理和总结国内外学者和统计机构的观点，本研究组认为，国家市场监督管理总局发展研究中心、中国标准化研究院、中国国际贸易促进委员会商业行业委员会牵头制定的《共享经济 指导原则与基本框架》(标准号为 GB/T 41836-2022)最具权威性。按照该标准的解释，从交易方式看，共享经济中，资源供给者和资源使用者之间的共享通过交易实现，交易线上线下均可发生。交易通常为资源供给者和资源使用者之间的“点对点”交易，资源供给者有偿或无偿将其资源使用权暂时移交给资源使用者。共享经济的交易标的通常仅涉及被交易资源的分时使用权，而不涉及其所有权。

结合共享经济对经济社会的影响及有关研究的代表性观点，共享经济的主要特征可以归纳为以下六个方面：以现代信息技术为支撑；交易主体具有双重身份；以闲置资源为共享对象；仅让渡使用权；以取得收益为目的；实现交易双方的协同消费。

共享经济作为一种兼具经济效益和社会价值的全新经济形态，作为新一轮科技和产业革命的新业态模式，对经济社会发展发挥着非常重要的作用，宏观层面的作用主要具体表现在以下八个方面：优化闲置资源配置，助力供给侧改革；为经济发展增添新动力；拓宽就业渠道，促进灵活就业，增加收入来源；丰富消费方式，提升消费能力；促进企业生产经营方式的转变；激发创新活力；为社会治理体系创新提供了机会；有利于减碳减排，促进经济社会发展低碳转型。在微观层面，共享经济参与主体均可从更高的性价比和更高的效率中获益。

未来共享经济将呈现以下发展趋势：一是共享主体不断换位；二是共享观念不断更新；三是共享规模不断扩大；四是共享范围不断拓展；五是共享形式不断创新；六是共享增量不断做大；七是共享价值不断提升；八是共享技术不断优化；九是共享社交不断本地化。

二、共享经济发展研究

运用统计分析和综合评价两种方法，本研究对近年来我国共享经济发展

历程、取得的成就、发展状况以及存在的问题等进行了较为全面和细致的研究。

基于国家统计局和有关机构的统计数据，运用统计分析方法对共享经济总体和各领域的统计分析发现，近年来我国强大的互联网建设、智能手机的快速普及和庞大的网民用户规模为共享经济的发展提供了坚实的基础，云计算、大数据、移动支付和人工智能等技术的应用，使得共享经济平台能够实时地连接供需双方，为用户提供更为可信、安全、便捷、高效的服务，共享经济作为一种新型的经济模式已显示出巨大的市场优势。与此同时，在我国共享经济迅速发展的过程中，也带来了一系列积极的效应，包括为人们生活带来了巨大的便利，提高资源使用效率，改善了居民就业和收入，等等。

在综合评价方面，本研究组从共享经济的发展基础、发展环境和发展成效三个方面建立的共享经济发展指标体系有助于完善我国的共享经济监测体系。在监测指标体系的基础上，本研究运用三种不同的权重设计方法，对近年来我国共享经济发展指数的测算结果表明，2015—2022 年共享经济指数保持增长态势，但增势趋缓，从分指数来看，得益于我国近年来互联网技术高速发展，创新投入不断加大，市场活力持续增强，网络经济发展活跃，共享经济的发展基础不断夯实，发展环境逐年优化，发展成效持续显现。

基于统计分析和指数测算结果，并结合实地调研的研究也发现，目前我国共享经济的发展也存在一些突出的问题，具体表现在共享经济企业经营困难、市场运行秩序仍不够有序和规范、平台企业国际市场拓展受挫等方面。

三、共享经济的活跃度保持连年递增

利用 AMOS 软件，基于拟合的贝叶斯 MIMIC 结构方程模型的实证分析表明，2015—2019 年，我国共享经济活跃度保持连年递增趋势，其中 2017 年是共享经济活跃度增长率最高的年份。2020—2021 年，受疫情防控和共享经济关注度下降双重因素的影响，2020 年活跃度测度值出现有所下降。从主要因素对共享经济活跃度的影响来看，对共享经济活跃度潜变量测度的五项原因变量中，原因变量影响程度由大到小依次是互联网基础、社会发展、网络经济、创新活力和技术产出，其中影响较大的指标分别是移动互联网用户数（IF2）、15 岁以上非文盲人口占比（SD4）、共享经济交易额（TO2）、网络支付交易金额（NE2）以及发明专利授权量（IV8）。

四、共享经济企业效率提升但总体水平不高

效率提升是共享经济的高质量发展的表现之一。从近年来的发展历程

看，共享经济曾一度成为热点，不仅带来生产生活的便利性，也在助力经济发展和就业等方面取得一定成绩，但是，过快的扩张也暴露了共享经济企业在发展过程中存在的创新不足、管理不规范等问题，这也在很大程度上制约着微观层面共享经济企业效率的高低。

本研究从企业角度分析了共享经济企业的效率、因素及对共享经济发展的影响。首先，我国共享经济企业的效率水平总体不高，从静态角度测算的共享经济上市企业效率较低，剔除环境和随机因素的影响后，共享经济企业效率有一定提升，但仍未达到生产前沿；动态角度的测算表明，共享经济企业的全要素生产率呈现波动增长态势，整体来看共享经济企业效率推动了其生产率的提高。其次，企业规模越大，人力和研发投入越多，营业收入越高，共享经济企业效率越高；技术投入是提高共享经济企业综合效率值最为显著有效的因素，但共享经济企业的技术进步作用尚未充分发挥；政府对共享经济企业的政策补助，对相关企业效率提升的效果还未明显体现。

五、共享经济统计核算问题研究

尽管近年来共享经济获得长足发展，但共享经济的统计边界、分类等重要问题仍不够明确，如何对共享经济进行统计，尤其是如何对共享经济的增加值和贡献进行测算，现有的研究和实践都非常有限，这对我们准确认识共享经济的发展现状、特点和趋势，以及客观、系统评估共享经济的作用和地位都形成制约。为准确衡量共享经济及其对经济的贡献，更好应对统计理论研究和统计实务部门面临的新任务和新挑战，本研究对共享经济的统计核算问题进行了研究。

作为新经济的重要内容，共享经济与传统经济模式在很多方面都存在明显差异，正是因为这些差异的存在，现行统计如何准确反映共享经济的发展及其影响面临诸多挑战。具体包括以下五个主要方面：生产统计及核算范围明显拓宽；消费与投资行为的边界日趋模糊；价格统计仍需改进；对就业和收入统计的要求更高；现行统计调查对象难以满足共享经济的统计需求。

统计上如何客观和准确地反映共享经济发展及其对经济社会发展的影响，是当前世界各国统计领域普遍面临的难题。研究并推进共享经济统计，进一步改革和完善现行统计制度方法，首先需要制定共享经济核算方法，建立与共享经济发展相适应的统计调查制度。

本研究运用经济社会统计的理论方法，结合国内外共享经济发展实践和统计方面的进展，对共享经济的统计对象、统计内容（针对共享平台和交易主体）、统计范围、模式类型等进行了研究和界定，并从共享平台企业、交易规模及其类型、交易主体及数量三个方面提出相关的统计指标。共享经济增加值的核算方面，本研究以共享出行、共享住宿和在线外卖三个领域为例，对三个领域增加值的核算依据、主要规则等进行了研究，并对共享经济调查核算的数据来源渠道进行了梳理。最后，结合共享经济调研，我们也提出了在开展共享经济统计的过程中需要解决的一些重要问题。

第二节　政策和措施建议

本研究不但具有非常重要的理论研究价值，同时对完善共享经济监管政策体系、完善共享经济统计核算和监测体系、促进共享经济持续健康发展有着重要参考价值。为推动我国共享经济发展质量显著提升，不断壮大拉动我国经济增长的新动能，基于本研究的主要结论，为促进共享经济持续发展，进一步激发共享经济平台潜力，提出以下政策和措施建议。

一、进一步优化共享经济的发展环境

一是要继续加强互联网基础建设。信息技术和网络社会，包括云计算、大数据、物联网、移动互联网等互联网技术的普及，使共享经济从理想变成现实，是共享经济赖以依存的重要技术支撑和蓬勃发展的关键要素。高速稳定的互联网连接和广泛的网络覆盖为共享经济平台提供发展空间，政府应继续加大对互联网基础设施的投资，提高网络速度和可靠性。更为重要的是，鉴于共享经济所有的规则、信任、资源等都必须依靠共享的网络平台进行数字信息交易，有必要加快构建高速、移动、安全、泛在的新一代信息基础设施，推动大数据、智能算法技术的更新迭代，为共享经济加速发展建立可靠的技术保障。

二是加强社会信用体系建设，夯实共享经济的信用基础。信用是互联网世界的通行证，基于供需双方互信关系而达成交易的共享经济更是高度依赖信用体系的建立。高度重视共享经济的信用价值，努力解决共享经济规模化发展的核心问题，尝试以社交活动促进信任、以流程控制保障信任、以第三方数据验证信任、建立跨企业的信用数据共享等方式完善信用体系建设。

三是加强区块链、云计算、人工智能等新技术在共享经济平台领域的应用。互联网设施、创新投入是共享经济发展的基础保障，以区块链技术为例，基于技术的信任体系重构传统的平台信任构建模式，去中心化、降低成本和信任风险的特点让区块链技术可以实现共享资源的去中心化管理和交易，提高共享经济平台用户资金安全和交易信任度。

二、继续完善共享经济发展的政策支持体系

共享经济作为市场经济重要组成部分和重要的经济发展新动能，其发展状况和效率质量与社会发展环境尤其是政策支持环境紧密相关。为进一步促进我国共享经济发展，提高国内共享经济平台的实力和竞争力，未来应继续完善共享经济发展的政策支持体系。

一方面，应加强对共享经济发展的宣传和引导。共享式商品服务主要通过网络平台进行交易，交易活跃程度与网民数量直接相关，政府和企业大力宣传共享经济，正确引导消费者接受共享经济这种新兴业态，鼓励引导网民在该领域创新创业。同时，也要对市场上过热的投资进行正确引导，减少资本对共享经济的盲目投放，实现共享经济良性发展循环。

另一方面，对不同类型的共享经济平台企业提供个性化政策支持。当前国内各领域共享经济平台的发展呈现不均衡状态，对当前经营困难、受疫情等多种复杂因素影响较大但符合未来发展趋势和方向的领域，应给予充分的税收减免、政策补助等优惠；对于发展良好并拓展国际市场的企业，应支持共享经济平台适当扩大企业规模，增强企业发展的规模效应，持续提升平台效率。鼓励平台企业加强跨界合作，为平台企业海外市场拓展提供境外风险警示、合规的专业帮扶和金融便利等方面的支持。

三、加强对共享经济平台的监管创新

继续加强对共享经济平台的监管创新，完善平台治理规则，在常态化监管方面应强调监管及政策的延续性和有效性，为共享经济平台发展营造良好的市场环境，保障共享经济平台健康稳步发展。共享经济是新兴的商业模式，对传统行业产生冲击，甚至超出了既有的监管范围，导致共享经济监管面临两难问题，即沿用传统管理理念，可能会阻碍共享经济的发展；放任不管，则可能导致摩擦不断，社会矛盾与纠纷加剧。因此，共享经济也面临着制度重建、规范化发展的挑战，监管层应转变思维、创新政策，填补制度空白。管理部门要打破固有的管理思维和模式，适应共享经济的发展，完善监管体系，将共享经济纳入监管体系，堵住现有漏洞。

一是要进一步完善监管体系，规范市场行为。政府监管部门应加快市场化改革步伐，提高前瞻性、敏感性和主动性，及时完善法律法规和相关标准，进一步完善行业政策规则，利用企业平台的网络经验、技术与数据支撑，构建多方参与的协同治理的监管体系，明确平台应当承担的责任和义务。

二是应制定细分领域的法律法规和监管办法，解决好不公平竞争、税收漏

洞、信息泄露、劳动者权益保护不足、消费者利益保障机制不健全等因制度缺陷而产生的一系列备受诟病的现实问题。

三是加强跨部门协调治理。针对共享经济的平台具有数量大、分布散、大量利用互联网技术等特点，在各地政府信息平台中增加相关数据交换内容，公安、工商、交通、房管、旅游、税务等部门实现相关信息共享，建立税务、工商、交通、旅游等部门的联动征管机制，建立包括公安、检察、中央和地方金融监管部门等相关部门在内的危机处置机制，以及时应对突发事件。

四是充分发挥市场自身的调节机制。共享经济由于参与面广、调动资源大，原有政府单一的监管模式已经无法满足治理需要，市场秩序的监管和维护将主要依靠和发挥市场自身调节机制，应该充分利用社会组织、媒体、公民监督等社会力量实现对共享经济的协同治理。企业层面可建立产业联盟或行业协会，主动加强行业自律，加强产业间的联系与协作、推进信息共享与标准化建设，重点对共享经济的准入条件、安全和质量标准、交易规则、风险控制、违约处罚等市场规则进行严格细化，促进行业内部管理。同时，要为不同所有制、规模类别的各类市场主体创造平等的生存发展空间，并努力提升共享经济参与者、使用者的素质，营造既有“大树”、又有“小草”的多元化共享经济生态系统，避免行业垄断，最大限度地调动和发挥不同市场主体的积极性、主动性和创造性。

四、加快完善共享经济统计调查和监测体系

从完善共享经济研究工作来看，一是需要进一步从全面识别统计对象、改进统计指标设计、加强常规统计调查制度方法与新经济形态的契合性这三个方面，不断优化共享经济统计指标体系的构建与监测，这是一个长期的、系统性的工作；二是考虑当前共享经济基础数据可获得性和时效性，应进一步发挥大数据指标的补充作用，纳入更多领域的可信大数据指标，持续完善共享经济统计指标体系；三是强化共享经济的调查研究，通过统计监测观察研究宏观的、长期性趋势，通过调查研究深入了解当前现状，找到解决现实问题的具体政策，将统计监测与调查研究充分结合，为理解我国共享经济发展情况及对策建议提供全面信息；四是适时建立共享经济统计监测体系，并对我国共享经济的发展状况进行定期监测。

参考文献

[1] Office for National Statistics (ONS) of UK. The feasibility of measuring the sharing economy[R]. 2017.

[2] Vaughn R, Daverio R. Assessing the size and presence of the collaborative economy in Europe[R]. European Commission, 2017.

[3] Statistics Canada. Measuring the sharing economy in the Canadian Macroeconomic Accounts[R]. 2016.

[4] Rudy Telles Jr. Digital Matching Firms: A New Definition in the"Sharing Economy" Space[R]. US Department of Commerce, 2016.

[5] European Union. Exploratory study of consumer issues in online peer-to-peer platform markets[R]. 2017.

[6] Debbie Wosskow. Unlocking the sharing economy: An independent review [R]. 2014.

[7] Erich H. Strassner. Measuring the Digital Economy[R]. BEA Advisory Committee, 2016.

[8] Desirée van Welsum. Sharing is caring? Not quite. Some observations about"the sharing economy[R]. World Bank Group, 2016.

[9] Avital, Michel, John M Carroll, et al. The Sharing Economy: Friend or Foe? [C]. Proceedings of the 2015 International Conference on Information Systems, 2015.

[10] Bakos, J Yannis. Reducing Buyer Search Costs: Implications for Electronic Marketplaces[J]. Management Science, 1997.

[11] Becker, Gary S. A Theory of the Allocation of Time[J]. Economic Journal, 1965.

[12] Belk, Russell. You Are What You Can Access: Sharing Collaborative Consumption Online[J]. Journal of Business Research, 2014.

[13] Benjaafar, Saif, Guangwen Crystal Kong, et al. Peer-to-Peer Product Sharing: Implications for Ownership, Usage and Social Welfare in the Sharing Economy[R]. Working Paper, 2015.

[14] Benkler, Yochai. Sharing Nicely: On Shareable Goods and the Emergence of Sharing as a Modality of Economic Production[J]. Yale Law Journal, 2004.

[15] Botsman R, Rogers R. What's mine is yours: the rise of collaborative consumption [M]. Harper Collins, 2010.

[16] Byers, John W, Davide Proserpio, et al. The Rise of the Sharing Economy: Estimating the Impact of Airbnb on the Hotel Industry [R]. Working Paper, 2013.

[17] Cannon, Sarah, Lawrence H Summers. How Uber and the Sharing Economy Can Win Over Regulators[J]. Harvard Business Review, 2014.

[18] Cullen, Zoë, Chiara Farronato. Outsourcing Tasks Online: Matching Supply and Demand on Peer-to-Peer Internet Platforms[R]. Working Paper, 2014.

[19] Edelman, Benjamin G, Damien Geradin. Efficiencies and Regulatory Shortcuts: How Should We Regulate Companies like Airbnb and Uber? [R]. Working Paper, 2015.

[20] Einav, Liran, Chiara Farronato, et al. Peer-to-Peer Markets [R]. Working Paper, 2015.

[21] Eisenmann, Thomas, Geoffrey Parker, et al. Strategies for Two-sided Markets[J]. Harvard Business Review, 2006.

[22] Fraiberger, Samuel P., Arun Sundararajan. Peer-to-Peer Rental Markets in the Sharing Economy[R]. Working Paper, 2015.

[23] Hall, Jonathan V, Alan B Krueger. An Analysis of the Labor Market for Uber's Driver-Partners in the United States [R]. Working Paper, 2015.

[24] Hampshire, Robert, Craig Gaites. Peer-to-Peer Carsharing: Market Analysis and Potential Growth [J]. Transportation Research Record: Journal of the Transportation Research Board, 2011.

[25] Koopman, Christopher, Matthew D Mitchell, et al. The Sharing Economy and Consumer Protection Regulation: The Case for Policy Change [R]. Working Paper, 2014.

[26] Malhotra, Arvind, Marshall Van Alstyne. The Dark Side of the Sharing Economy ldots and How to Lighten It [R]. Communications of the ACM, 2014.

[27] Neeser, Dâvid, Martin Peitz, et al. Does Airbnb Hurt Hotel Business: Evidence from the Nordic Countries[R]. Working Paper, 2015.

[28] Sundararajan, Arun. From Zipcar to the Sharing Economy[J]. Harvard Business Review, 2013.

[29]Varian, Hal R. Buying, Sharing and Renting Information Goods[J]. The Journal of Industrial Economics, 2000.

[30] Felson M. Community Structure and Collaborative Consumption: A Routine Activity Approach[J]. American Behavioral Scientist, 1978.

[31] Martin Chris J. The sharing economy: A pathway to sustainability or a nightmarish form of neoliberal capitalism? [J]. Ecological Economics, 2016.

[32] Georgios Z, David P, John W. The Rise of the Sharing Economy: Estimating the Impact of Airbnb on the Hotel Industry [J]. Journal of Marketing Research, 2017.

[33] Cristobal-Fransi E, Hernández-Soriano F, Ferrer-Rosell B. Exploring service quality among online sharing economy platforms from an online media perspective[J]. Sustainability, 2019.

[34] Yin L. Sharing Economy and New Business Model Development Based on Internet of Things Big Data[J]. Mobile Information Systems, 2022.

[35] Törnberg P. How sharing is the"sharing economy"? Evidence from 97 Airbnb markets[J]. Plos one, 2022.

[36] Liu N, Lin J, Guo S. Fashion platform operations in the sharing economy with digital technologies: recent development and real case studies [J]. Annals of Operations Research, 2022.

[37] Song XY, Lee SY. Bayesian Estimation and Test for Factor Analysis

Model with Continuous and Polytomous Data in Saveral Populations [J]. British Journal of Mathematical and Statistical Psychology, 2001.

[38] Lee SY, Zhu HT. Zhu. Statistical Analysis of Nonlinear Structural Equation Models with Continuous and Polytomous Data[J]. British Journal of Mathematical and Statistical Psychology, 2000.

[39] Shi JQ, Lee SY, Bayesian Sampling-based Approach for Factor Analysis Models with Continuous and Polytomous Data[J]. British Journal of Mathematical and Statistical Psychology, 1998.

[40] Lee SY, Song XY. Evaluation of the Bayesian and Maximum Likelihood Approaches in analyzing structural equation models with small sample sizes[J]. Multivariate Behavioral Research, 2004.

[41] Aghion P, Antonin C, Bunel S. The Power of Creative Destruction: Economic Upheaval and the Wealth of Nations [M] . Belknap Press, 2021.

[42]Caves DW, Christensen LR, Diewert WE. Multilateral comparisons of output, input and productivity using superlative index numbers[J]. The Economic Journal, 1982.

[43] Ahmad N. Measuring the Economy in the Age of Digitalisation[J]. OECD Observer, 2017.

[44] Bardhi F, Eckhardt M. Access-based Consumption: the Case of Car Sharing[J]. Journal of Consumer Research, 2012.

[45] Belk R. Why not Share Rather than Own[J]. The Annals of the American Academy of Political and Social Science, 2007.

[46]Belk R. Sharing Versus Pseudo-sharing in Web 2. 0[J]. Anthropologist, 2014.

[47] Belk R. You Are What You Can Access: Sharing and Collaborative Consumption Online[J]. Journal of business Research, 2014.

[48] Benkler Y. Coase's Penguin, or Linux and the Nature of the Firm[J]. The Yale Law Journal, 2002.

[49] Benkler Y. Sharing Nicely: On Shareable Goods and the Emergence of Sharing as a Modality of Economic Production[J]. The Yale Law Journal, 2004.

[50]Botsman R, Rogers R. What's Mine Is Yours: the Rise of Collaborative Consumption[M]. Harper Collins, 2010.

[51]Dellaert B. The Consumer Production Journey: Marketing to Consumers as Co-producers in the Sharing Economy[J]. Journal of the Academy of Marketing Science, 2019.

[52]Frenken K, Schor J. Putting the Sharing Economy into Perspective[J]. Environmental Innovation and Societal Transitions, 2017.

[53] Gansky L. The Mesh: Why the Future of Business Is Sharing[M]. Portfolio Penguin, 2010.

[54]Jiang B, Tian L. Collaborative Consumption: Strategic and Economic Implications of Product Sharing[J]. Management Science, 2016.

[55] Kumar V, Lahiri A, Dogan O. A Strategic Framework for a Profitable Business Model in the Sharing Economy[J]. Industrial Marketing Management, 2018.

[56] Lamberton C, Rose R. When Is Ours Better than Mine? A Framework for Understanding and Altering Participation in Commercial Sharing Systems[J]. Journal of Marketing, 2012.

[57] Lessig L. Remix: Making Art and Commerce Thrive in the Hybrid Economy[M]. Penguin, 2008.

[58] Richardson L. Performing the Sharing Economy [J]. Geoforum, 2015.

[59] Stephany A. The Business of Sharing: Making it in the New Sharing Economy[M]. Palgrave Macmillan, 2015.

[60]Sundararajan A. The Sharing Economy: The End of Employment and the Rise of Crowd-based Capitalism [M] . Massachusetts: MIT Press, 2016.

[61]Wosskow D. Unlocking the Sharing Economy: An Independent Review [R]. Department for Business Innovation & Skills, 2014.

[62] 国家信息中心．中国共享经济发展报告(2022)[R]. 国家信息中心,2022.

[63] 马化腾．数据经济[M]. 中信出版集团,2017.

[64] 李炳炎,刘恒．从分享到共享的演变:中国特色社会主义共享经济的形成[J]. 南京理工大学学报(社会科学版),2020.

[65] 李文明,吕福玉．分享经济起源与实态考证[J]. 改革, 2015.

[66] [美]凯尔索．资本家宣言[M]. 上海:上海人民出版社,1961.

[67] [美]威茨曼．分享经济[M]. 北京:中国经济出版社,1986.

[68] 马强．共享经济在我国的发展现状、瓶颈及对策[J]. 现代经济探

讨,2016.
[69] [美]罗宾·蔡斯．共享经济:重构未来商业新模式[M]．杭州:浙江人民出版社,2015.
[70] 郭彦丽,陈建斌．共享经济的发展历程、分类及商业模式研究[J]．科技促进发展,2020.
[71] 杨卓凡．全球共享经济的发展特点、演化路径及推进举措[J]．中国商论,2018.
[72] 赵敏,姚歆,王益谊．共享经济国际标准化发展历程、最新进展与对策[J]．商业经济研究,2019.
[73] 付鑫鑫．中国共享经济高质量发展的制度完善路径研究[D]．青岛科技大学,2022.
[74] 郑志来．共享经济的成因、内涵与商业模式研究[J]．现代经济探讨,2016.
[75] 彭文生,张文朗,孙稳存．共享经济是新的增长点[J]．银行家,2015.
[76] 王喜文．大众创业、万众创新与共享经济[J]．中国党政干部论坛,2015.
[77] 董成惠．共享经济:理论与现实[J]．广东财经大学学报,2016.
[78] 陈甬军,余雯雯．发展共享经济是实现共同富裕的重要路径[J]．理论导报,2021.
[79] 博茨曼,罗杰斯．共享经济时代:互联网思维下的协同消费商业模式[M]．唐朝文,译．上海交通大学出版社,2015.
[80] 罗建强,张秦洪,戴冬烨．考虑环保效益的混合产品提供策略稳定性研究[J]．中国人口·资源与环境,2020.
[81] 金飞飞,刘金培,陈华友,等．基于信任关系和信息测度的概率语义社会网络群决策模型[J]．中国管理科学,2021.
[82] 李炳炎,余飞．从分享到共享:新时代中国特色社会主义经济运行机制的嬗变[J]．当代经济研究,2019.
[83] 张敦福．共享就环保吗?共享单车的社会环境与问题[J]．社会发展研究,2019.
[84] 罗铭杰．列宁消费合作社思想的生成逻辑、理论内涵及现实关照——对列宁消费理论的揭示[J]．重庆社会科学,2021.
[85] 陈甬军,余雯雯．发展共享经济是实现共同富裕的重要路径[J]．理论导报,2021.
[86] 胡莹．数字经济时代我国劳动过程的制度优势——基于社会主义基本经济制度新概括的视角[J]．马克思主义理论学科研究,2022.

[87] 高奇琦,杨宇霄.智能革命与共同富裕:基于马克思文本的延伸性思考[J].求是学刊,2022.
[88] 王娅.共享视域下中国经济增长的实证研究[D].中共中央党校,2020.
[89] 王天玉.平台用工的“劳动三分法”治理模式[J].中国法学,2023.
[90] 陈永伟.作为GPT的GPT——新一代人工智能的机遇与挑战[J].财经问题研究,2023.
[91] 赵伟,彭玉婷.数字经济发展是否会影响收入不平等?——基于空间面板模型的实证检验[J].经济问题探索,2022.
[92] 吴帅,谢予昭.数字时代的工作形态变革与社会保险制度创新[J].行政管理改革,2023.
[93] 蒋大兴,王首杰.共享经济的法律规制[J].中国社会科学,2017.
[94] 马双,凌小蝶,李纯青.共享经济背景下顾客公民行为和不当行为:基于社会困境理论的视角[J].心理科学进展,2021.
[95] 郭吉涛,梁爽.共享经济如何作用于新旧动能转换:驱动机制和影响机理[J].深圳大学学报(人文社会科学版),2020.
[96] 廖藏宜.包容性发展视域下新业态灵活就业人员的医疗保障制度优化[J].江淮论坛,2023.
[97] 刘芳,张涛.共享经济服务平台专利状况分析[J].中国金融电脑,2022.
[98] 郑联盛.共享经济:本质、机制、模式与风险[J].国际经济评论,2017.
[99] 杰里米·里夫金.零边际成本社会[M].中信出版社,2014.
[100] 郭春丽,易信.新发展阶段扩大内需的现实逻辑、战略导向和实践重点[J].经济纵横,2023.
[101] 蔡继明,曹越洋,刘乐易.论数据要素按贡献参与分配的价值基础——基于广义价值论的视角[J].数量经济技术经济研究,2023.
[102] 梁向东,苏在坤.数字经济驱动中国制造业高质量发展的空间效应[J].江汉论坛,2023.
[103] 卢现祥.共享经济:交易成本最小化、制度变革与制度供给[J].社会科学战线,2016.
[104] 刘蓉.新就业形态劳动保障法制化实践与探索[J].兰州学刊,2023.
[105] 唐清利.“专车”类共享经济的规制路径[J].中国法学,2015.
[106] 何超,张建琦,刘衡.分享经济:研究评述与未来展望[J].经济管理,2018.
[107] 宋傅天,卫平,姚东旻.共享经济的统计测度:界定、困境与展望[J].统计研究,2018.

[108] 范建平，郭子微，吴美琴．区域共享发展水平测度与分析[J]. 统计与决策，2021.
[109] 董晓松，霍依凡，赵星．共享经济可持续性评价：社会感知与客观绩效[J]. 科研管理，2023.
[110] 胡希凡．江苏省共享经济测度指标体系及总额测算方法初探[J]. 市场周刊，2018.
[111] 樊自甫，郎璐米，万晓榆．共享经济评价指标体系的构建[J]. 统计与决策，2020.
[112] 张茂元．技术红利共享——互联网平台发展的社会基础[J]. 社会学研究，2021.
[113] 宋立丰，鹿颖，宋远方．科技创新下的共享经济变革研究——以我国"新基建"与共享出行为例[J]. 当代经济管理，2021.
[114] 张言彩．结构方程模型的 Gibbs 抽样与贝叶斯估计[J]. 统计与决策，2009.
[115] 张超利．共享经济中的博弈模型与机制设计研究[D]. 上海交通大学，2020.
[116] 张红彬．共享经济的网络效应、生产要素配置及治理研究[D]. 北京交通大学，2021.
[117] 龚雪玲．需求分布不确定下的共享平台供需匹配效率研究[D]. 东华大学，2021.
[118] 丁胜红，钱秀秀．共享经济下企业人本资本共享价值解析[J]. 经济问题，2022.
[119] 陈俊龙，宋心悦．共享制造高质量发展效率及其影响因素研究．[J]. 现代管理科学，2023.
[120] 王群伟，周德群，周鹏．效率视角下的中国节能减排问题研究[M]. 复旦大学出版社，2013.
[121] 高敏雪，张如一，洪旸，等．在线付费知识产品生产交易模式与宏观核算方法研究[J]. 统计与信息论坛，2018.
[122] 金红．共享经济对重要统计数据的影响——兼论统计视角的共享经济内涵[J]. 调研世界，2017.
[123] 李晓华．分享经济的内涵与特征探析[J]. 商业研究，2017.
[124] 平卫英，罗良清．分享经济统计核算：一个初步的研究框架[J]. 统计研究，2018.
[125] 宋傅天，卫平，姚东旻．共享经济的统计测度：界定、困境与展望[J]. 统

计研究,2018.
[126] 宋旭光,周远翔．分享经济对国民经济核算发展的影响[J]. 统计研究,2019.
[127] 涂科,杨学成．共享经济到底是什么?——基于个体与组织的整合视角[J]. 经济管理,2020.
[128] 万东华,余芳东,原鹏飞,等．分享经济若干统计问题研究[J]. 调研世界,2017.
[129] 王宁．分享经济的社会建构[J]. 中国社会科学, 2021.
[130] 向书坚, 孔晓瑞, 李凯．分享经济核算需要厘清的几个基本问题[J]. 统计研究, 2021.
[131] 李华,朱玲轩．宏观因素影响下的税收征管效率地区异质性探究——基于税收征管效率的 MIMIC 模型[J]. 公共财政研究,2018.
[132] 毛敏．我国区域天然气需求的驱动机理及差异性分析[D]. 陕西师范大学,2020.
[133] 贾帅帅,王孟欣．基于三阶段 DEA 的工业企业科技创新效率研究[J]. 科技管理研究, 2017.
[133] 黄鲁成,葛豪,杨早立．基于三阶段 DEA 的新兴养老科技产业创新效率研究[J]. 调研世界, 2021.
[134] 肖明月,郑亚莉．供给质量提升能否化解中国制造业的产能过剩?——基于结构优化与技术进步视角[J]. 中国软科学,2018.
[135] 张新红,高太山,于凤霞,等．中国分享经济发展报告:现状、问题与挑战、发展趋势[J]. 电子政务,2016.
[136]刘文珮,鲁铁．上海共享经济统计监测体系初探[J]. 统计科学与实践,2018.
[137] 张梦宇．外部性视角下我国共享经济对经济增长影响的统计测度研究[D],江苏大学, 2020.
[138] 张蒙,共享经济统计问题探析[J]. 调研世界, 2020.
[139] 周南南,李昊宁．共享出行的运营模式与核算探讨[J]. 调研世界, 2021.
[140] 李静萍,陈南．分享经济统计:理论与测算[J]. 统计研究, 2023.
[141] 倪青山,卜傲,邵子祎．中国共享经济活跃度测度研究——基于贝叶斯结构方程模型[J]. 调研世界,2023.

附　录

附录一　2018—2021年我国经济发展新动能指数测算结果与分析

2018年我国经济发展新动能持续快速成长

加快培育发展经济新动能是推进经济转型升级、推动高质量发展、建立现代化经济体系的必然选择。测算结果显示，2015—2018年我国经济发展新动能指数分别为123.5、156.7、210.1和270.3，分别比上年增长23.5%、26.9%、34.1%和28.7%，保持了较快增长势头。数据表明，以新产业、新业态、新模式为主要内容的新动能正在快速集聚，经济活力得到有效释放，新动能持续发展壮大，成为支撑我国经济迈向高质量发展的重要力量。

一、移动互联网蓬勃发展，网络经济指数对新动能指数增长的贡献率达80.8%

随着“互联网+”行动的深入推进，网络提速降费力度不断加大，高速宽带城乡覆盖范围不断延伸，以网络经济为代表的数字经济建设持续发力，成为发展壮大新动能的重要力量。据测算，2018年，网络经济指数高达605.4，比上年大幅增长67.2%，对经济发展新动能指数增长的贡献率为80.8%，贡献最大。从主要构成指标来看,移动互联网发展态势稳健。2018年底,移动互联网用户数达到14.0亿户,比上年增长9.9%;移动互联网接入流量高达711.1亿GB,比上年增长1.9倍;固定互联网宽带接入用户达到4.07亿户,比上年增长16.9%。

借助互联网尤其移动终端的迅猛发展,零售新模式新业态蓬勃兴起,线上线下深度融合,网络消费规模扩大、结构优化,消费新动能加速形成。数据显示,2018年,我国电子商务平台交易额达到31.6万亿元,比上年增长8.5%。网络消费持续保持较快增长,全国网上零售额9.0万亿元,比上年增长23.9%,增速高于全社会消费品零售总额增速14.9个百分点。其中,实物商品网上零售额增长25.4%,占社会消费品零售总额的比重为18.4%,比上年提高3.4个百分点。随着"丝路电商"合作的不断深入,跨境电子商务再上新台阶。据统计,2018年,我国跨境电子商务交易额实现1.77万亿元,比上年增长9.5%。得益于社交电商、小程序、生活服务应用等移动终端程序的不断开发,线上消费应用场景持续延伸,方便快捷多样化的线上消费对线下消费的替代进一步凸显。2018年,全国网购替代率为80.4%,比上年提高0.3个百分点。

二、市场主体大量增加,经济活力指数继续提升

随着减税降费、"放管服"等一系列改革措施的持续推进,企业获得更大的创新创业空间,经济活力不断释放。据测算,2018年,经济活力指数为292.0,比上年增长2.7%。从主要构成指标看,随着"双创"的深化升级,营商环境持续改善,创业热情依然高涨。2018年,全国新设经营主体数量为2149.6万户,比2017年净增224.7万户,增长11.7%。创业板、新三板挂牌公司数量达到11430个,是2014年的5.8倍。作为"双创"工作的重要抓手,创业孵化全面发力。科技企业孵化器数量从2017年的4063家增加到4849家,增长19.3%。网络零售蓬勃发展,推动快递物流业从"互联网+"向"智能+"不断迈进,为新零售、新产业发展深度赋能。2018年,快递业务量达到507.1亿件,比上年增长26.6%,是2014年的3.6倍。

三、研发投入不断加大,创新驱动发力显效

党中央、国务院不断加快结构调整和动能转换步伐,创新驱动发展战略深入推进,创业创新政策体系逐步建立健全,5G通信技术、人工智能等创新成果不断涌现。据测算,2018年,创新驱动指数为174.4,比上年大幅增长21.8%,增幅扩大8.4个百分点。从构成指标来看,创业孵化事业不断向更高水平、更

高质量发展，科技企业孵化器成为培育科技型中小企业尤其是战略性新兴产业的重要载体。全国科技企业孵化器年累计毕业企业数从2017年的11.1万个增加到2018年的13.9万个，增长25.9%，比上年提高2.5个百分点。研发投入不断加大，创新能力建设进一步提高。2018年，全国研究与试验发展(R&D)经费支出与GDP之比为2.18%，比上年提高0.03个百分点。科技创新动力持续增强，每万名R&D人员专利授权数达到3529.1件，比上年增长28.6%，为近三年最大增幅。科技成果转移转化成效明显提升，2018年技术市场成交合同金额增长31.8%，比上年大幅提高14.1个百分点。

四、新产业较快发展，转型升级持续推进

供给侧结构性改革扎实推进，新技术新产业蓬勃发展，新产品层出不穷，产业结构不断优化，转型升级成效明显。据测算，2018年，转型升级指数为143.9，增长8.8%，比上年加快2.4个百分点。数据显示，2018年，规模以上工业战略性新兴产业增加值增长8.9%，比规模以上工业增加值增速快2.7个百分点。高技术制造业增加值比上年增长11.7%，比规模以上工业增加值增速快5.5个百分点，占规模以上工业增加值的比重达到13.9%，占比较上年提高1.2个百分点，工业高端化步伐明显加快。在外部经济环境总体趋紧的情况下，高技术产品出口实现较快增长，成为外贸稳中提质的重要力量。2018年，我国高技术产品出口额增长11.9%，占出口总额的比重为30.1%。企业业态上，“四上”企业依托互联网不断加快升级换代步伐，2018年，通过电子商务交易平台销售商品和服务的“四上”企业占比为10.1%，比上年提高0.5个百分点。同时，单位GDP能耗下降3.1%，能源使用效率进一步提高，节能环保工作扎实推进。

五、高学历人数占比逐年提高，人力资本扎实积累

提高技能人才比例，加速知识能力凝聚，形成人力资本，是推动新旧动能接续转换的不竭动力和重要保障。据测算，2018年，知识能力指数为135.9，比上年增长5.8%，增速比上年加快3.1个百分点，知识能力稳步提高。从主要构成指标来看，2018年，我国高学历、高技能人口比例继续提高，经济活动人口中硕士及以上学历人口占比为0.85%，比上年提高0.07个百分点；“四上”企业从业人员中专业技术人员占比为14.0%，比2014年累计提高了0.7个百分点；非信息部门信息人员比重为1.58%。科技人才规模不断扩大，2018年，研究与试验发展(R&D)人员全时当量为438.1万人年，比上年增长8.6%，增幅比上年提高4.6个百分点。

2019年我国经济发展新动能指数继续上升

培育壮大发展新动能是促进经济增长、推动结构调整、实现高质量发展的重要支撑。根据第四次全国经济普查数据修订结果以及部分指标最新数据，对2015—2019年我国经济发展新动能指数进行测算，数据显示，2015—2019年我国经济发展新动能指数分别为124.8、159.1、204.1、269.0和332.0，分别比上年增长24.8%、27.5%、28.3%、31.8%和23.4%。结果表明，2019年，我国经济发展新动能继续壮大，新产业、新业态、新商业模式加快成长，经济活力进一步增强，有力推动经济迈向高质量发展。

一、网络经济持续发力，对新动能指数增长的贡献最大

“互联网+”深入推进、网络基础设施支撑能力持续提升，为网络经济的发展提供了有效保障，数字经济优势凸显，网络消费持续活跃，新动能进一步发展壮大。据测算，2019年网络经济指数高达856.5，比上年增长42.0%，对经济发展新动能指数增长的贡献率为80.5%。与其他分指数相比，网络经济指数增幅最高、贡献最大。从主要构成指标来看，2019年底，移动互联网用户数预计达13.2亿户，比上年增长3.5%；移动互联网接入流量达1220亿GB，是2018年的1.7倍；固定互联网宽带接入用户达到4.49亿户，比上年增长10.3%。

新兴消费快速发展，网络购物继续扩大，智能化产品、信息等消费持续增长，线上线下融合步伐加快，消费新业态新模式不断成长壮大。数据显示，2019年，我国电子商务平台交易额达到34.8万亿元，比上年增长10.1%。网络消费持续保持较快增长，全国网上零售额10.6万亿元，比上年增长16.5%，增速高于全社会消费品零售总额增速8.5个百分点。其中，实物商品网上零售额增长19.5%，占社会消费品零售总额的比重为20.7%，比上年提高2.3个百分点。以跨境电商为代表的贸易新业态新模式成为外贸增长亮点，2019年，全年新设24个跨境电商综合试验区；我国跨境电子商务交易额实现1.99万亿元，比上年增长12.4%。2019年全国网购替代率为80.6%，比上年提高0.2个百分点，线上消费对线下消费的替代进一步增强。

二、创业创新热潮涌动，市场活力持续增强

进一步深化“放管服”改革，大众创业万众创新深入开展，微观主体活力不

断增强。据测算,2019 年经济活力指数为 313.6,比上年增长 7.4%。从主要构成指标看,2019 年,全国新设经营主体数量为 2377.4 万户,比上年增加 227.8 万户,增长 10.6%;科技企业孵化器数量预计增至 5200 家左右,增长约 7.4%;国家级高新技术开发区企业单位数超过 14 万个,增长 19.7%以上。2019 年,创业板、新三板挂牌公司数量为 9744 个,是 2014 年的 4.9 倍。随着网络经济快速发展,快递业客户主体和需求不断扩大,快递业务应用范围日益广泛,快递业延续良好发展态势。2019 年,快递业务量达到 635.2 亿件,比上年增长 25.3%,是 2014 年的 4.6 倍。

三、研发投入保持增长,创新驱动引领作用增强

坚持创新引领发展,深入实施创新驱动发展战略,着力培育壮大新动能,科技创新能力不断提升,创新型国家建设迈出新步伐。据测算,2019 年创新驱动指数为 201.4,比上年增长 15.6%。从构成指标来看,2019 年,全国科技企业孵化器年累计毕业企业数预计为 16 万个,比上年增长 14.8%;全国研究与试验发展(R&D)经费支出与 GDP 之比为 2.19%,比上年提高 0.05 个百分点。科技创新成果不断涌现,每万名 R&D 人员专利授权数达到 3448 件,是 2014 年的 1.5 倍。我国技术要素市场快速发展,2019 年技术市场成交合同金额增长 26.6%。

四、人力资本不断积累,知识能力建设成效明显

人力人才资源优势进一步发挥,创新发展人才支撑得以强化,知识能力建设取得新进展。据测算,2019 年知识能力指数为 147.2,比上年增长 8.3%,增速比上年加快 2.5 个百分点。从主要构成指标来看,2019 年,我国高学历、高技能人口比例继续提高,经济活动人口中硕士及以上学历人口占比为 0.95%,比上年提高 0.1 个百分点;“四上”企业从业人员中专业技术人员占比为 14.77%,比上年提高 0.78 个百分点;非信息部门信息人员比重为 1.71%,比上年提高 0.13 个百分点;每万名就业人员 R&D 人员全时当量为 461.0 人年,比上年增长 5.2%。

五、新产业不断成长壮大,转型升级稳步发展

数字经济发展战略规划和配套政策落地生效,战略性新兴产业集群发展工程深入实施,互联网、大数据、人工智能与实体经济融合向纵深发展,有力推动产业改造升级,促进新兴产业发展。据测算,2019 年转型升级指数为 141.4,比上年增长 1.0%。从主要构成指标来看,2019 年,战略性新兴产业增

加值占 GDP 比重为 11.5%，比 2014 年提高 3.9 个百分点。其中，规模以上工业战略性新兴产业增加值比上年增长 8.4%，比规模以上工业增加值增速快 2.7 个百分点。高技术制造业增加值比上年增长 8.8%，比规模以上工业增加值增速快 3.1 个百分点，占规模以上工业增加值的比重达到 14.4%，比上年提高 0.5 个百分点。在世界经济增长低迷、国际经贸摩擦加剧的情况下，2019 年我国高技术产品出口额增长 2.1%，占出口总额的比重为 29.3%。企业信息化水平提升，2019 年，通过电子商务交易平台销售商品和服务的“四上”企业占比为 10.52%，比上年提高 0.46 个百分点。同时，能源利用效率提高，2019 年单位 GDP 能耗下降 2.6%。

2020 年我国经济发展新动能指数持续快速增长

培育壮大发展新动能是加快产业转型升级、增强经济发展动力、推动高质量发展的重要举措。根据“三新”经济发展的新情况新特点，本次测算对原有经济发展新动能统计指标体系进行修订完善。根据最新指标体系，对 2015—2020 年我国经济发展新动能指数进行测算，数据显示，2015—2020 年我国经济发展新动能指数分别为 119.6、146.9、191.2、257.9、325.5 和 440.3，分别比上年增长 19.6%、22.8%、30.2%、34.9%、26.2%和 35.3%。结果表明，2020 年，尽管遭受新冠肺炎疫情的严重冲击，以新产业、新业态、新模式为主要内容的经济发展新动能实现逆势快速增长，经济展现出良好的韧性活力，成为推动经济高质量发展的强大支撑。

一、网络经济加速发展，助推新动能发展壮大

随着网络信息技术日益成熟，网络基础设施不断完善，5G 基建加快布局，物联网建设深入推进，新型消费蓬勃发展，市场供给改善优化，有力支撑网络经济快速增长。据测算，2020 年，网络经济指数达 1323.6，比上年大幅增长 54.8%。从主要构成指标来看，2020 年底，移动互联网用户数达 13.49 亿户，比上年增长 2.3%；移动互联网接入流量达 1656 亿 GB，分别是 2019 年和 2014 年的 1.36 倍和 80.3 倍；固定互联网宽带接入用户达到 4.8 亿户，比上年增长 7.6%。

在线办公、远程问诊、无接触配送等业务广泛开展，线下企业纷纷“触网”开拓线上业务，消费新业态新模式保持快速发展。数据显示，2020 年，我国电子商务平台交易额达到 37.2 万亿元，按同比口径计算，比上年增长 4.5%。消

费需求不断释放,新消费模式拉动网络消费快速增长。2020年,全国网上零售额11.76万亿元,按可比口径计算,比上年增长10.9%。其中,实物商品网上零售额增长14.8%,占社会消费品零售总额的比重为24.9%,比上年提高4.0个百分点。适应疫情防控要求下出现的消费新需求,网络零售新业态不断涌现,消费场景深入拓展,线上消费快速发展。2020年,全国网购替代率为81.0%,在上年提高0.2个百分点的基础上进一步提高0.4个百分点。

二、市场活力不断激发,经济发展韧性持续增强

大众创业万众创新蓬勃发展,新增市场主体快速增长,创造了大量就业岗位,微观主体活力增强。各级政府着力推进职能转变,监管方式不断完善,营商环境持续优化,形成"放管服"三管齐下、互为支撑的良好局面,进一步激发经济活力,增强经济发展韧性。据测算,2020年,经济活力指数为324.1,比上年增长17.4%。从主要构成指标看,2020年,全国新设经营主体数量为2502万户,比2019年净增124.6万户,增长5.2%;日均新登记企业2.2万户,年末市场主体总数达1.4亿户,折射出经济复苏良好势头。尽管经济因疫情备受冲击,但2020年我国实际使用外资金额1443.7亿美元,增长4.5%;高技术产业实际使用外资金额428亿美元,增长9.5%,体现出中国市场的强大活力与吸引力。在网络消费的快速拉动下,快递运输服务网络不断扩展,快递业务量强劲增长。2020年,快递业务量达到833.6亿件,比上年增长31.2%,是2014年的6倍。

三、研发投入持续加大,创新能力不断提升

持续加大基础研究投入,提升原始创新能力,加强推进关键核心技术攻关,全力开展疫情防控应急科研攻关,科技创新取得新进展,涌现出一批新成果,为培育壮大新动能提供坚实保障。据测算,2020年,创新驱动指数为239.1,比上年增长18.1%。从构成指标来看,2020年,全国研究与试验发展(R&D)经费支出与GDP之比为2.4%,比上年提高0.16个百分点。科技创新成果丰硕,每万名R&D人员专利授权数达到4639件,比上年大幅增长34.6%,是2014年的2.1倍。技术要素市场保持快速增长,2020年技术市场成交合同金额为28251.5亿元,比上年增长26.1%。

四、人力资本稳步积累,知识能力根基有效筑牢

大力发挥人力人才资源优势,持续强化创新发展人才培养,知识能力建设不断推进。据测算,2020年,知识能力指数为163.7,比上年增长10.0%。从

主要构成指标来看，我国高学历、高技能人口比例逐年稳步提升，2020年，经济活动人口中硕士及以上学历人口占比为1.08%，比上年提高0.13个百分点；"四上"企业从业人员中专业技术人员占比为15.26%，比上年提高0.49个百分点；非信息部门信息人员比重为1.87%，比上年提高0.16个百分点；每万名就业人员R&D人员全时当量为523.5人年，比上年增长9.0%。

五、产业结构持续优化，转型升级步伐加快

我国积极应对疫情挑战，加强工作统筹调度，出台一系列政策举措支持新兴产业。深入实施工业互联网创新发展战略，培育集成电路产业和软件产业，创建人工智能创新应用先导区，大力支持新能源汽车产业，促进新产业新业态成长壮大。装备制造业和高技术制造业呈现集群化、信息化和智能化发展态势，战略性新兴服务业快速增长。据测算，2020年，转型升级指数为150.7，增长3.6%。从主要构成指标来看，2020年，战略性新兴产业增加值占GDP比重为11.7%，比上年提高0.2个百分点，比2014年提高4.1个百分点。其中，规模以上工业战略性新兴产业增加值比上年增长6.8%，比规模以上工业增加值增速快4.0个百分点。高技术制造业增加值比上年增长7.1%，比规模以上工业增加值增速快4.3个百分点，占规模以上工业增加值的比重达到15.1%，占比比上年提高0.7个百分点。2020年，我国高技术产品出口额增长6.5%，占出口总额的比重为29.94%，比上年提高0.68个百分点。2020年，通过电子商务交易平台销售商品和服务的"四上"企业占比为11.07%，比上年提高0.55个百分点。2020年，天然气、水电、核电、风电等清洁能源消费量占能源消费总量的24.3%，比上年提高1.0个百分点。

2021年我国经济发展新动能指数实现稳步增长

培育壮大发展新动能是优化经济布局、强化创新引领、保持经济平稳运行的内在要求。测算结果显示，2021年我国经济发展新动能指数为598.8，比上年增长35.4%，以新产业、新业态、新模式为主要内容的新动能实现稳步成长，经济活力不断提升，创新能力进一步增强，网络经济持续快速发展，转型升级成效显现，发展新动能培育壮大，为实现"十四五"良好开局、推动经济高质量发展持续注入新动力。

一、网络经济持续快速发展，推动新动能不断壮大

随着5G网络和千兆光网建设力度加大，新型技术设施建设取得成效，信息通信服务能力明显提升，互联网、大数据、人工智能等产业不断壮大，数字经济与实体经济深度融合，“互联网＋”快速发展，新型消费模式不断涌现，应用场景更加丰富，持续推动新动能快速成长。据测算，2021年，网络经济指数达1963.6，比上年增长48.4％。从主要构成指标看，截至2021年底，移动互联网用户数、固定互联网宽带接入用户数分别达14.2亿户、5.4亿户，分别比上年增长5.0％、10.8％；移动互联网接入流量达2216亿GB，增长33.9％。

网络购物、在线外卖、网络视频、网络健康等生活服务类电商持续快速发展，互联网平台企业进一步向线下衍生拓展，加快传统业态数字化改造升级，实体商业通过直播电子商务、社交营销、社区团购等多种形式扩大销售规模，个性化定制、柔性化生产备受用户青睐，线上线下消费高效互动，新业态新模式引领新型消费扩容升级。数据显示，按可比口径计算，2021年我国电子商务平台交易额比上年增长19.6％。网上零售市场消费场景不断拓展，线上消费需求持续释放。2021年，全国网上零售额13.1万亿元，按可比口径计算，比上年增长14.1％，其中，实物商品网上零售额增长12.0％，占社会消费品零售总额的比重为24.5％。网购用户消费体验不断改善，消费潜力有效激发，用户对线上消费的接纳程度不断上升，2021年全国网购替代率为81.2％，比上年提高0.2个百分点，连续七年上升。

二、市场主体继续增加，发展活力进一步增强

大众创业万众创新纵深推进，新增市场主体保持良好增长态势，活力有效激发。政府职能加快转变，更多政务服务事项实现一网通办，加强和创新监管，不断优化营商环境，“放管服”改革取得新进展，进一步扩大经济发展空间，助力经济发展新动能对传统发展动能的替代转换。据测算，2021年，经济活力指数为393.1，比上年增长18.8％。从主要构成指标看，2021年，全国新设经营主体数量为2887.2万户，增长15.4％，增幅比上年提高10.2个百分点；日均新登记企业2.5万户，年末市场主体总数达1.5亿户。持续推进高水平对外开放，不断加大吸引外资力度，2021年实现引资规模和质量双提升，充分彰显了我国经济发展韧性强、动力足、市场吸引力大。随着新型消费需求加快释放，快递业规模持续扩大，2021年，快递业务量达到1083亿件，增长29.9％。

三、研发投入连续增长，创新驱动发展取得新成效

深入实施创新驱动发展战略，大力推进科技创新，持续加强基础研究，夯实科技自立自强根基，一批重大科技创新成果涌现，关键核心技术攻关取得重要进展，载人航天、火星探测、资源勘探、能源工程等领域实现新突破，国家战略科技力量加快壮大，企业创新主体地位持续增强，新动能培育加速推进。据测算，2021年，创新驱动指数为293.5，比上年增长20.5%。从主要构成指标看，全国研究与试验发展(R&D)经费支出与GDP之比、基础研究经费占研发支出比重、企业研发经费等指标均有不同程度的提高，研发投入持续增加。科技创新成果转化力度加大，全年授权发明专利69.6万件；每万人口高价值发明专利拥有量达到7.5件，较上年提高1.2件；技术市场成交合同额37294.3亿元，比上年增长32.0%，技术交易市场和技术转移机制建设成效明显。

四、高技能人才加强培养，人力资本水平有效提升

提升人力资源技能水平，加强知识能力建设，是培育发展新动能的重要保障。据测算，2021年，知识能力指数为182.7，比上年增长11.6%。从主要构成指标看，我国高学历、高技能人口比例进一步提高，经济活动人口中硕士及以上学历人口占比为1.29%，比上年提高0.21个百分点；“四上”企业从业人员中专业技术人员占比为15.64%，比上年提高0.38个百分点；非信息部门信息人员比重为1.98%，比上年提高0.11个百分点；每万名就业人员R&D人员全时当量为571.6人年，比上年增长9.2%。

五、新兴产业加快发展，产业结构优化升级

畅通国民经济循环、维护产业链供应链安全稳定的同时，持续推进产业结构优化升级，提升产业发展水平，培育壮大发展新动能。持续推进制造业、服务业、农业等产业数字化，开展新一代信息技术与制造业融合发展试点示范，实施制造业绿色低碳转型行动和先进制造业集群发展专项行动，持续推进国家战略性新兴产业集群工作，产业布局进一步优化。据测算，2021年，转型升级指数为160.9，增长7.0%。从主要构成指标来看，2021年，战略性新兴产业增加值占GDP比重为13.4%，比上年提高1.7个百分点，比2014年累计提高5.8个百分点，其中，规模以上工业战略性新兴产业增加值比上年增长16.8%，比规模以上工业增加值增速快7.2个百分点；高技术制造业增加值比上年增长18.2%，比规模以上工业增加值增速快8.6个百分

点，占规模以上工业增加值的比重达15.1%；通过电子商务交易平台销售商品和服务的"四上"企业占比为11.17%，比上年提高0.1个百分点；天然气、水电、核电、风电等清洁能源在能源消费总量中的占比为25.5%，比上年提高1.2个百分点。

附录二　主要指标解释(共享经济的统计调查指标

平台企业数：是指依托互联网平台，通过促进闲置资源（包括设备、资金、时间、技能、知识、生产能力、服务等）在使用方和需求方之间的调配，以收取交易费用为主要目的的企业数量。

平台企业年末从业人数：指报告期末最后一日24时在企业工作，并取得工资或其他形式劳动报酬的人员数。该指标为时点指标，不包括最后一日当天及以前已经与单位解除劳动合同关系的人员，是在岗职工、劳务派遣人员及其他从业人员之和。

平台企业提供服务的国内城市数量：指报告期末平台企业在全国4个直辖市、334个地级行政区划中，已提供服务的城市个数。

平台企业在境外提供服务的国家（地区）数量：指报告期末平台企业在境外提供服务的国家（地区）个数。

平台注册用户数：指报告期末在企业平台上注册的用户总数，包括提供服务用户和使用服务用户。用户区分个人用户和机构用户（企业、政府、社会组织等非个人用户均归为机构用户）。

平台活跃用户数：须从行业或平台自身的角度出发，对什么样的用户为活跃用户进行界定，填报时将界定标准一并填报。

平台交易额：指在报告期内，使用服务用户借助企业平台共享资源而支付的费用总额。

平台收入：指在报告期内，平台获得各类收入的总和。

平台服务费：指在报告期内，平台通过撮合提供服务用户与使用服务用户之间的交易而收取的交易服务费用总额。

使用服务用户支付的费用：指在报告期内，在平台上发生的所有交易中，使用服务用户向平台（或提供服务用户）支付的费用总额。

提供服务用户获得的收入：指在报告期内，在平台上发生的所有交易中，平台（或使用服务用户）向提供服务用户支付的收入总额。

平台交易量：指在报告期内，在平台上发生交易的总单数。

实收资本：指平台企业实际收到的投资人投入的资本。按投资主体可分为国家资本、集体资本、法人资本、个人资本、港澳台资本和外商资本等。

所有者权益：指平台企业投资人对平台企业净资产的所有权。企业净资产等于企业全部资产减去全部负债后的余额，其中包括投资者对企业的最初投入，以及资本公积金、盈余公积金和未分配利润，对股份制企业即为股东权益。

资产合计：指平台企业拥有或控制的能以货币计量的经济资源。包括各种财产、债权和其他权利。资产按其流动性划分为流动资产、长期投资、固定资产、无形及递延资产和其他资产。

固定资产：指平台企业固定资产净值、固定资产清理、在建工程、待处理固定资产损失所占用的资金合计。

流动资产：指企业可以在一年内或者超过一年的一个生产周期内变现或耗用的资产合计。包括现金及各种存款、短期投资、应收及预付款项、存货等。

负债合计：指平台企业承担的能以货币计量，将以资产或劳务偿付的债务。负债一般按偿还期长短分为流动负债和长期负债、递延税项等。

营业收入：指平台企业在通过经营网络平台等日常经营业务过程中所形成的经济利益的总流入。分为主营业务收入和其他业务收入。

营业成本：也称运营成本。是指平台企业所销售商品或者提供劳务的成本。营业成本应当与所销售商品或者所提供劳务而取得的收入进行配比。

利润总额：指平台企业在一定会计期间的经营成果，是生产经营过程中各种收入扣除各种耗费后的盈余，反映企业在报告期内实现的盈亏总额。来源于会计“利润表”中“利润总额”项目的本期金额数。

税收总额：指平台企业在报告期内交纳的各类税收总额。

附录三　共享经济统计调查方案

为及时了解我国共享经济的发展趋势和发展中存在的问题，更好地促进共享经济发展，本研究设置了如下调查表，请你公司配合填写，并于××××××年××××××月××××××日前将纸质版或电子版发至××××××。

联系人：××××××

邮寄地址：××××××

联系电话：××××××
电子邮箱：××××××

第一部分：平台基本情况调查表

平台名称：______________________

开业时间：__________年__________月

平台注册所在地：_______省（自治区、直辖市）_______地（区、市、州、盟）

联系人：__________　联系电话：__________　Email：__________

共享领域：__________　A. 交通　B. 住宿　C. 医疗　D. 教育　E. 金融　F. 办公 G. 餐饮 H. 其他

登记注册类型：________　A. 内资　B. 港澳台商投资　C. 外商投资

平台服务覆盖范围：__________　A. 所在省（区、市）　B. 全国　C. 国内和国外

共享平台基本情况统计

指标名称		单位	总计	国内	国外	专营	兼营
平台企业数		个					
其中：分交易类型	C2C 平台	个					
	C2B 平台	个					
	B2C 平台	个					
	B2B 平台	个					
	综合平台	个					
分领域	住宿服务	个					
	家政服务	个					
	医疗	个					
	旅游	个					
	出版教育培训	个					
	社交媒体	个					
	通信	个					
	金融	个					
	交通物流	个					
	企业服务	个					

续表

指标名称		单位	总计	国内	国外	专营	兼营
分地区							
新注册平台数		个					
其中:分交易类型	C2C 平台	个					
	C2B 平台	个					
	B2C 平台	个					
	B2B 平台	个					
	综合平台	个					
分领域	住宿服务	个					
	家政服务	个					
	医疗	个					
	旅游	个					
	出版教育培训	个					
	社交媒体	个					
	通信	个					
	金融	个					
	交通物流	个					
	企业服务	个					
分地区							
注销平台数		个					
其中:分交易类型	C2C 平台	个					
	C2B 平台	个					
	B2C 平台	个					
	B2B 平台	个					
	综合平台	个					
分领域	住宿服务	个					
	家政服务	个					
	医疗	个					

续表

指标名称		单位	总计	国内	国外	专营	兼营
	旅游	个					
	出版教育培训	个					
	社交媒体	个					
	通信	个					
	金融	个					
	交通物流	个					
	企业服务	个					
分地区							
平台企业年末从业人数		人					
其中:分交易类型	C2C 平台	人					
	C2B 平台	人					
	B2C 平台	人					
	B2B 平台	人					
	综合平台	人					
分领域	住宿服务	人					
	家政服务	人					
	医疗	人					
	旅游	人					
	出版教育培训	人					
	社交媒体	人					
	通信	人					
	金融	人					
	交通物流	人					
	企业服务	人					
分地区							

第二部分：平台经营状况调查表

共享平台交易和收入统计表

<table>
<tr><th colspan="2" rowspan="2">分类</th><th rowspan="2">平台交易总数（单数）</th><th rowspan="2">平台交易总额（万元）</th><th colspan="3">平台收入（万元）</th><th rowspan="2">使用服务用户支付的费用（万元）</th><th rowspan="2">提供服务用户获取的收入（万元）</th></tr>
<tr><th>平台服务费</th><th>其他</th><th>合计</th></tr>
<tr><td colspan="2">全国总计</td><td></td><td></td><td></td><td></td><td></td><td></td><td></td></tr>
<tr><td rowspan="10">分领域</td><td>住宿服务</td><td></td><td></td><td></td><td></td><td></td><td></td><td></td></tr>
<tr><td>家政服务</td><td></td><td></td><td></td><td></td><td></td><td></td><td></td></tr>
<tr><td>医疗</td><td></td><td></td><td></td><td></td><td></td><td></td><td></td></tr>
<tr><td>旅游</td><td></td><td></td><td></td><td></td><td></td><td></td><td></td></tr>
<tr><td>出版教育培训</td><td></td><td></td><td></td><td></td><td></td><td></td><td></td></tr>
<tr><td>社交媒体</td><td></td><td></td><td></td><td></td><td></td><td></td><td></td></tr>
<tr><td>通信</td><td></td><td></td><td></td><td></td><td></td><td></td><td></td></tr>
<tr><td>金融</td><td></td><td></td><td></td><td></td><td></td><td></td><td></td></tr>
<tr><td>交通物流</td><td></td><td></td><td></td><td></td><td></td><td></td><td></td></tr>
<tr><td>企业服务</td><td></td><td></td><td></td><td></td><td></td><td></td><td></td></tr>
<tr><td rowspan="5">分交易类型</td><td>B2C 交易</td><td></td><td></td><td></td><td></td><td></td><td></td><td></td></tr>
<tr><td>B2B 交易</td><td></td><td></td><td></td><td></td><td></td><td></td><td></td></tr>
<tr><td>C2C 交易</td><td></td><td></td><td></td><td></td><td></td><td></td><td></td></tr>
<tr><td>C2B 交易</td><td></td><td></td><td></td><td></td><td></td><td></td><td></td></tr>
<tr><td>综合平台</td><td></td><td></td><td></td><td></td><td></td><td></td><td></td></tr>
<tr><td rowspan="11">分省区市</td><td>北京市</td><td></td><td></td><td></td><td></td><td></td><td></td><td></td></tr>
<tr><td>天津市</td><td></td><td></td><td></td><td></td><td></td><td></td><td></td></tr>
<tr><td>河北省</td><td></td><td></td><td></td><td></td><td></td><td></td><td></td></tr>
<tr><td>山西省</td><td></td><td></td><td></td><td></td><td></td><td></td><td></td></tr>
<tr><td>内蒙古自治区</td><td></td><td></td><td></td><td></td><td></td><td></td><td></td></tr>
<tr><td>辽宁省</td><td></td><td></td><td></td><td></td><td></td><td></td><td></td></tr>
<tr><td>吉林省</td><td></td><td></td><td></td><td></td><td></td><td></td><td></td></tr>
<tr><td>黑龙江省</td><td></td><td></td><td></td><td></td><td></td><td></td><td></td></tr>
<tr><td>上海市</td><td></td><td></td><td></td><td></td><td></td><td></td><td></td></tr>
<tr><td>江苏省</td><td></td><td></td><td></td><td></td><td></td><td></td><td></td></tr>
<tr><td>浙江省</td><td></td><td></td><td></td><td></td><td></td><td></td><td></td></tr>
</table>

续表

分类		平台交易总数（单数）	平台交易总额（万元）	平台收入（万元）			使用服务用户支付的费用（万元）	提供服务用户获取的收入（万元）
				平台服务费	其他	合计		
分省区市	安徽省							
	福建省							
	江西省							
	山东省							
	河南省							
	湖北省							
	湖南省							
	广东省							
	广西壮族自治区							
	海南省							
	重庆市							
	四川省							
	贵州省							
	云南省							
	西藏自治区							
	陕西省							
	甘肃省							
	青海省							
	宁夏回族自治区							
	新疆维吾尔自治区							

共享经济平台用户情况统计表

单位：个

分类		平台注册用户数				平台新增注册用户数				平台注销注册用户数				平台活跃用户数			
		提供服务方		使用服务方		提供服务方		使用服务方		提供服务方		使用服务方		提供服务方		使用服务方	
		机构	个人	机构	个人	机构	个人	机构	个人	机构	个人	机构	个人	机构	个人	机构	个人
全国总计																	
分领域	住宿服务																
	家政服务																
	医疗																
	旅游																
	出版教育培训																
	社交媒体																
	通信																
	金融																
	交通物流																
	企业服务																
分交易类型	B2C 交易																
	B2B 交易																
	C2C 交易																
	C2B 交易																
	综合平台																
分省区市	北京市																
	天津市																
	河北省																
	山西省																
	内蒙古自治区																
	辽宁省																
	吉林省																
	黑龙江省																
	上海市																
	江苏省																
	浙江省																

续表

分类		平台注册用户数				平台新增注册用户数				平台注销注册用户数				平台活跃用户数			
		提供服务方		使用服务方		提供服务方		使用服务方		提供服务方		使用服务方		提供服务方		使用服务方	
		机构	个人	机构	个人	机构	个人	机构	个人	机构	个人	机构	个人	机构	个人	机构	个人
分省区市	安徽省																
	福建省																
	江西省																
	山东省																
	河南省																
	湖北省																
	湖南省																
	广东省																
	广西壮族自治区																
	海南省																
	重庆市																
	四川省																
	贵州省																
	云南省																
	西藏自治区																
	陕西省																
	甘肃省																
	青海省																
	宁夏回族自治区																
	新疆维吾尔自治区																

共享平台企业主要财务指标

单位：万元

分类		所有者权益合计	实收资本	资产合计			负债合计	投资额	营业收入	主营业务收	营业成本	主营业务成本	利润总额	主营业务利润	税收总额
				固定资产总额	流动资产总额	合计									
全国总计															
分领域	住宿服务														
	家政服务														
	医疗														
	旅游														
	出版教育培训														
	社交媒体														
	通信														
	金融														
	交通物流														
	企业服务														
分交易类型	B2C 交易														
	B2B 交易														
	C2C 交易														
	C2B 交易														
	综合平台														
分省区市	北京市														
	天津市														
	河北省														
	山西省														
	内蒙古自治区														
	辽宁省														
	吉林省														
	黑龙江省														
	上海市														
	江苏省														
	浙江省														
	安徽省														
	福建省														

续表

分类		所有者权益合计	实收资本	资产合计			负债合计	投资额	营业收入	主营业务收	营业成本	主营业务成本	利润总额	主营业务利润	税收总额
				固定资产总额	流动资产总额	合计									
分省区市	江西省														
	山东省														
	河南省														
	湖北省														
	湖南省														
	广东省														
	广西壮族自治区														
	海南省														
	重庆市														
	四川省														
	贵州省														
	云南省														
	西藏自治区														
	陕西省														
	甘肃省														
	青海省														
	宁夏回族自治区														
	新疆维吾尔自治区														

互联网交通共享平台统计情况

指标名称	单位	2018 年	……	2022 年
网约车辆出行交易量	单			
其中:网约出租车(快车、专车)	单			
巡游出租车(通过平台预约)	单			
公交巴士(7 座以上客车)	单			
非营运性小客车合乘(顺风车)	单			
其中:平台自有车辆	单			
网络车辆租赁交易量	单			
其中:1. 机动车	单			
其中:小型汽车	单			
公交巴士	单			
其中:自有车辆	单			
2. 非机动车	单			
其中:自行车(共享单车)	单			
网约代驾交易量	单			
网约车辆出行交易额	万元			
其中:网约出租车(快车、专车)	万元			
巡游出租车(通过平台预约)	万元			
公交巴士(7 座以上客车)	万元			
非营运性小客车合乘(顺风车)	万元			
其中:平台自有车辆	万元			
网络车辆租赁交易额	万元			
其中:1. 机动车	万元			
其中:小型汽车	万元			
公交巴士	万元			
其中:自有车辆	万元			
2. 非机动车	万元			
其中:自行车(共享单车)	万元			

续表

指标名称	单位	2018 年	……	2022 年
网约代驾交易额	万元			
共享平台广告收入	万元			
网约车辆出行交易服务费	万元			
其中:网约出租车(快车、专车)	万元			
巡游出租车(通过平台预约)	万元			
公交巴士(7 座以上客车)	万元			
非营运性小客车合乘(顺风车)	万元			
网约代驾服务费	万元			
网约车辆出行服务注册司机数	人			
其中:网约出租车(快车、专车)	人			
巡游出租车(通过平台预约)	人			
公交巴士(7 座以上客车)	人			
非营运性小客车合乘(顺风车)	人			
其中:自有司机数	人			
网约代驾服务注册司机数	人			
期末平台自有车辆数	辆			
其中:1. 机动车	辆			
其中:小型汽车	辆			
公交巴士	辆			
2. 非机动车	辆			
其中:自行车(共享单车)	辆			

互联网医疗共享平台统计情况

指标名称	单位	2018 年	……	2022 年
互联网医疗交易额	万元			
互联网广告收入	万元			
平台服务费收入	万元			
预约诊疗(在线挂号)	人次			
在线医疗咨询人次数	人次			
在线处方	单			
远程会诊人次数	人次			
手术预约人次数	人次			
期末注册用户数	个			
其中:月度活跃用户数	个			
期末注册医师数	人			
其中:实际提供服务的医生数	人			
其中:三甲医院主治医师以上资格医生数	人			
期末注册护士数	人			
期末覆盖医院数	个			

互联网教育共享平台统计情况

指标名称	单位	2018年	……	2022年
在线教育交易额	万元			
其中:1. 按教育阶段分				
高等教育	万元			
中小学教育	万元			
学前教育	万元			
职业教育	万元			
特殊教育	万元			
党政教育	万元			
2. 按课程主题分				
课辅类教育	万元			
艺术类教育	万元			
语言类教育	万元			
技能类教育	万元			
其他	万元			
3. 按学习目的分				
出国	万元			
就业	万元			
升学	万元			
其他	万元			
4. 按授课形式分				
直播	万元			
录播	万元			
5. 按地域分				
境内教育	万元			
跨境教育	万元			
互联网广告收入	万元			
交易服务费收入	万元			
在线学习人次	人次			
注册用户数	人			
提供授课服务的注册教师数	人			

互联网生活服务共享平台统计表

指标名称	单位	2018年	……	2022年
生活服务共享交易额	万元			
其中:短租服务	万元			
外卖配送服务	万元			
家政服务	万元			
生活服务共享交易量	单			
其中:短租服务	单			
外卖配送服务	单			
家政服务	单			
生活服务共享交易服务费	万元			
其中:短租服务	万元			
外卖配送服务	万元			
家政服务	万元			
生活服务共享交易服务提供方注册用户数	人			
其中:短租服务	人			
外卖配送服务	人			
家政服务	人			
生活服务共享交易服务使用方注册用户数	人			
其中:短租服务	人			
外卖配送服务	人			
家政服务	人			

互联网金融服务共享平台统计表

指标名称	单位	2018 年	……	2022 年
个体直接借贷借款金额(P2P)	万元			
小额贷款公司网络小额贷款发放金额	万元			
股权众筹融资金额	万元			
互联网实物产品开发众筹金额	万元			
互联网销售基金金额	万元			
互联网销售保险产品金额	万元			
互联网销售信托产品金额	万元			
互联网消费金融贷款金额	万元			